Jens Baumeister

99 Lieblingsorte in Nordrhein-Westfalen

Das Begleitbuch zur WDR-Sendung »99 Lieblingsorte« –
eine Zusammenarbeit mit »Lokalzeit« und »daheim und unterwegs«

Mit Fotografien von Saschko Bach

emons:

Bibliografische Information der Deutschen Bibliothek
Die Deutsche Bibliothek verzeichnet diese Publikation in der
Deutschen Nationalbibliografie; detaillierte bibliografische
Daten sind im Internet über http://dnb.d-nb.de abrufbar.

© Hermann-Josef Emons Verlag
Alle Rechte vorbehalten
© der Fotografien: Saschko Bach
© der Fotografie S. 77: Achim Kukulies, Düsseldorf
© der Fotografie S. 155: Wolfgang Budde
© der Fotografie S. 201: Axel Thünker DGPh
Fotografie S. 181: Zentrum für Internationale Lichtkunst Unna,
Keith Sonnier: Tunnel of Tears, 2002
© TV-Sendetitel und Logo: WDR, Köln
Agentur: WDR mediagroup licensing GmbH
Projektkoordination: Kirsten Ortmanns
Begleitbuch zur Reihe des Westdeutschen Rundfunks
mit dem Titel »99 Lieblingsorte in NRW«
Gestaltung: Eva Kraskes, nach einem Konzept
von Lübbeke | Naumann | Thoben

Druck und Bindung: B.O.S.S Druck und Medien GmbH, Goch
Printed in Germany 2011
ISBN 978-3-89705-843-9
Originalausgabe

Unser Newsletter informiert Sie
regelmäßig über Neues von emons:
Kostenlos bestellen unter
www.emons-verlag.de

Liebe Leserinnen, liebe Leser,

Nordrhein-Westfalen ist einfach unwiderstehlich! Man kann sich immer wieder neu in die vielen Schönheiten zwischen Rhein und Weser verlieben. Das weiß keiner besser als die Nordrhein-Westfalen selbst. Was lag für den WDR als Landessender also näher, als auf der Suche nach den schönsten Plätzen die Menschen, die hier leben, zu fragen?

Die WDR-»Lokalzeit« hat ihre Zuschauerinnen und Zuschauer gebeten, ihre Lieblingsorte zu verraten – mit großer Resonanz: 99 dieser Lieblingsorte haben wir ausgewählt und im WDR Fernsehen vorgestellt. Alle Beiträge sind wunderbare, sehenswerte Liebeserklärungen von Menschen im ganzen Land an ihre Heimat – eine Hommage an Plätze, die sie immer wieder besuchen, an Stellen und Winkel, an denen sie etwas Besonderes entdeckt oder etwas Unvergessliches erlebt haben.

Manche Orte sind erhaben, wie das Horizontobservatorium auf der Halde Hoheward in Herten. An manchen fühlt man sich geborgen, wie im Strandkorb am Flüsschen Schwalm. Einige Orte sind in allen Regionen Nordrhein-Westfalens bekannt, wie der Kölner Dom oder das Hermannsdenkmal. Andere wiederum sind echte Geheimtipps, wie »Klein-Berlin« im Essener Isenbergviertel oder ein Zauberwald im Münsterland. Eines haben die Lieblingsorte aber alle gemeinsam: Sie sind ein Stück Heimat.

Sie zu entdecken und sich von ihrem jeweils ganz eigenen Charme verzaubern zu lassen, dazu wollen wir Sie mit diesem Begleitbuch einladen.

Eine anregende Lektüre und spannende Ausflüge wünscht Ihnen

Ihre
Verena Kulenkampff
WDR-Fernsehdirektorin

99 Lieblingsorte

1 Aachener Dom

Müsste eine Werbeagentur den Aachener Dom vermarkten, sie hätte ein Problem: Anders als in Köln oder Limburg gibt es hier keine eindeutige Form, die sich zum Markenzeichen stilisieren ließe – der Aachener Dom ist ein wilder, fast schon postmodern anmutender Stilmix, in dem Gotik und Barock unvermittelt auf byzantinisch geprägte Architektur treffen.

Zum Glück braucht der Dom keine Werbekampagne – auch so zieht er jedes Jahr Millionen von Besuchern an, die in wenigen Schritten durch mehr als tausend Jahre Kunstgeschichte spazieren können. Das Herzstück des Doms, das karolingische Oktogon, wurde gegen Ende des 8. Jahrhunderts als Pfalzkapelle für Karl den Großen errichtet und beherbergt bis heute den schlichten Thron des Herrschers, der aus Marmorplatten der Jerusalemer Grabeskirche gefertigt wurde. Wer genau hinschaut, erkennt auf einer der Seitenplatten schwach eingeritzte Linien, die wohl zu einem antiken Mühlespiel gehörten.

Umgeben ist er von jüngeren Erweiterungen: der beeindruckenden gotischen Chorhalle, die von 1355 bis 1414 errichtet wurde, dem Westwerk, das in seinen Ursprüngen karolingisch ist, im Laufe der Jahrhunderte aber mehrfach umgestaltet wurde, sowie diversen Seitenkapellen.

Auch wenn seit dem späten 19. Jahrhundert die Turmspitze mit ihren 74 Metern über dem Boden den höchsten Punkt darstellt – den schönsten Blick hat man von einem Ort, der in knapp 47 Metern Höhe liegt: von der »Laterne«, dem barocken Abschlusstürmchen auf dem Dach des Oktogon. Gerade groß genug für zwei oder drei Personen, bietet es einen wunderbaren Rundumblick. Leider ist weder die Laterne selbst noch der Weg zu ihr, der durch das Labyrinth der Dachkonstruktion führt, für Besucher freigegeben. Doch die Dom-Führungen durch dieses einzigartige Bauwerk, die an fast jedem Tag des Jahres (auch sonntags) angeboten werden, garantieren auch so überraschende Ein- und Ausblicke.

Adresse Klosterplatz 2, 52062 Aachen, Tel. 0241/47 70 91 27, www.aachendom.de | **Dom- und Schatzkammerführungen** für Gruppen bedürfen der rechtzeitigen Voranmeldung.

2 Burg Altena

So etwas wie die Burg Altena wäre heute nicht mehr möglich. Nein, nicht weil mittelalterliche Ritterburgen heutzutage generell eher aus der Mode sind, sondern weil die Burg Altena zwar auf dem Platz einer mittelalterlichen Burg steht, aber eben selbst nicht im Geringsten mittelalterlich ist.

Der Großteil der Anlage entstand im 20. Jahrhundert auf den Ruinen einer viel älteren verfallenen Burg. Schon das wäre heute zumindest fragwürdig, gänzlich abenteuerlich aber sind die Umstände des Wiederaufbaus. Denn maßgeblich für das Aussehen waren letztlich nicht Architektur- oder Kunsthistoriker, sondern der Geschmack des damaligen ortsansässigen Landrats. Der gefühlt richtige Mittelalter-Look war also wichtiger als historische Genauigkeit.

Und wissen Sie was? Es funktioniert! Ganz egal, wie der Bau ausgesehen haben mag, als hier noch echte Ritter hausten, es macht Spaß, durch die verwinkelten Gänge der Burg zu gehen und die Aussicht von ihren Zinnen aus zu genießen.

Ach ja: Vielleicht fragen Sie sich, was man denn mit einer Burg macht, wenn man sie sich schon auf den Berg gestellt hat. Richard Schirrmann, ein Gelsenkirchener Lehrer, der nach Altena strafversetzt worden war, weil er mit seiner Klasse zu häufig Wanderausflüge unternommen hatte (!), kam auf die richtige Idee: Er richtete in der Burg eine Jugendherberge ein – die erste dauerhafte Jugendherberge der Welt (er hatte zuvor schon probeweise eine Herberge in der Altenaer Schule betrieben), die auch Keimzelle für das Deutsche Jugendherbergswerk war.

Diese Herberge besteht bis heute, und natürlich gibt es auch ein Jugendherbergsmuseum. Ein weiteres Museum bietet eine umfangreiche Ausstellung zum Leben im Mittelalter und zur Geschichte des Sauerlands. Dessen Eintrittskarten gelten auch für das nahe gelegene Deutsche Drahtmuseum. Zugegeben, ein Museum zum Thema »Draht« klingt kurios, aber schauen Sie einmal rein: Die Ausstellung ist erstaunlich umfangreich und sehr unterhaltsam aufbereitet.

Adresse Fritz-Thomée-Straße 80, 58762 Altena, Tel. 02352/966 70 33, www.burg-altena.de |
Öffnungszeiten Di–Fr 9.30–17 Uhr, Sa und So 11–18 Uhr | **Jugendherberge in der Burg**
Tel. 02352/235 22, www.djh-wl.de/burg.altena | **Deutsches Drahtmuseum** Fritz-Thomée-
Straße 12, 58762 Altena, Tel. 02352/966 70 33, www.deutsches-drahtmuseum.de.

3 Die Atta-Höhle in Attendorn

Im Jahr 1907 entdeckten Bergarbeiter bei Sprengungen nahe Attendorn ein Juwel: die Atta-Höhle, eine der schönsten Tropfsteinhöhlen Deutschlands. Meterlange Stalaktiten und Stalagmiten wachsen aus Decke und Boden und werden in der Phantasie der Besucher zu immer neuen Gestalten und Fabelwesen. Die Tropfsteine wachsen nur ungefähr einen Millimeter in zehn Jahren – so dauerte es Millionen Jahre, bis sie ihre heutige Form angenommen hatten.

Und natürlich wachsen sie noch weiter. In stillen Momenten klingt das unaufhörliche Tropfen des Wassers durch die unterirdischen Hallen. Still ist es hier allerdings selten: Nach Angaben des Betreibers sind inzwischen mehr als 40 Millionen Besucher durch den 80 Meter langen Zugangsstollen in die farbenprächtige Welt der Höhle gekommen. Ein Betreten ist nur im Rahmen einer geführten Gruppe erlaubt; die Führung ist im Eintrittspreis inbegriffen und dauert circa 40 Minuten. Leider erlaubt der Betreiber keine Fotos – Sie müssen für Ihre regelmäßige Tropfstein-Dosis also entweder wieder hierherkommen oder die offiziellen Postkarten kaufen.

Ein anderes Souvenir sind Mineralien und Kristalle, die in einem eigenen kleinen Laden angeboten werden, oder auch der sogenannte Atta-Käse: drei Monate gereift in der Höhlenluft mit ihren konstant 95 Prozent Luftfeuchtigkeit.

Neben den normalen Führungen werden spezielle Pakete für Gruppen und sogar für Kindergeburtstage angeboten. Dabei lässt sich zum Beispiel eine individuelle Führung mit einem Essen im nahe gelegenen Besucherrestaurant oder einer Schiffsrundfahrt auf dem Biggesee kombinieren.

Ach ja, falls Sie gerne einmal Stalaktiten und Stalagmiten verwechseln: Merken Sie sich das »T« in »Stalaktiten« – denn so wie der senkrechte Strich des »T« vom Querstrich herabhängt, so hängen Stalaktiten von der Höhlendecke herunter.

Adresse Finnentroper Straße 39, 57439 Attendorn, Tel. 02722/93 75-0, www.atta-hoehle.de | **Öffnungszeiten** je nach Jahreszeit variierend.

4 Die Waldenburg-Ruine in Attendorn

Der Biggesee ist eines der beliebtesten Ausflugziele in der Region: Schiffsrundfahrten, Wassersport und ein Café auf der Krone der Staumauer sind nur einige der Attraktionen, die Erholungssuchende hierherlocken. Es gibt aber einen Ort am See, der nur selten von den Gästen angesteuert wird: die Ruine der Waldenburg.

Es gibt wahrscheinlich mehrere Gründe dafür, dass sie noch nicht von Besuchern überlaufen ist. Zum einen sieht sie auf den ersten Blick nicht sonderlich beeindruckend aus: Nur ein Turmrest ragt noch in die Höhe. Zum anderen ist der Weg zu ihr vergleichsweise umständlich.

Am einfachsten ist es, wenn Sie von Attendorn kommen. Fahren Sie über die Biggebrücke in Richtung Helden. Nach ungefähr 50 Metern können Sie rechts in den Waldenburger Weg abbiegen, der später »Waldenburger Bucht« heißt. Folgen Sie ihm, vorbei am Yachtclub, bis zu einem Parkplatz nahe der Waldenburger Kapelle. Von hier aus gehen Sie einige hundert Meter weit die Straße nach Bürberg entlang, bis ein Waldweg abzweigt, der hoch zur Ruine führt.

Sie sehen: nicht unbedingt die einfachste Anfahrt. Doch der Weg lohnt sich. Nicht nur, um die mächtigen Mauern der um das 11. Jahrhundert herum errichteten Festung aus der Nähe zu bestaunen oder weil man unterwegs an der schönen Waldenburger Kapelle aus dem 17. Jahrhundert vorbeikommt (die allerdings erst in den 1960er Jahren an diesen Ort versetzt wurde, um ihre Überflutung durch den Biggesee zu verhindern). Nein, die Ruine liegt ganz einfach an einem wunderbar abgeschiedenen Ort: Ganz nah am See, der noch ein Tal war, als sie gebaut wurde, und doch weit weg vom Trubel der Touristenmassen, kann man den Blick über die Ufer des Biggesees schweifen lassen. Wenn Sie dann aber Lust auf einen Imbiss im Café auf der Sperrmauer bekommen: Nehmen Sie am besten den Wagen, es ist ein ganz schönes Stück Weg dorthin.

Adresse Parkmöglichkeit etwas südlich von: Waldenburger Bucht 26, 57439 Attendorn.

5 Der Berleburger Wald

»Wunderwelt am Rothaarsteig« – so wirbt Bad Berleburg für seinen Wald.

Das heißt: Eigentlich ist es gar nicht der Wald der Stadt. Das Gelände gehört der fürstlichen Familie zu Sayn-Wittgenstein-Berleburg und ist mit 130 Quadratkilometern der größte Privatwald in Nordrhein-Westfalen. Doch egal ob privat oder nicht – er ist ganz offiziell öffentlich zugänglich.

Und das nicht nur für Menschen: Seit dem Frühjahr 2010 werden hier wieder Wisente ausgewildert, die größten Landsäugetiere Europas. Trotz ihres beeindruckenden Äußeren stellen die Tiere normalerweise keine Gefahr für den Menschen dar, denn ihrem Instinkt entsprechend versuchen sie, vor ihm zu fliehen. Aber die Wisente sind längst nicht die einzigen großen Vierbeiner, die hier zwischen den Bäumen umherstreifen. Im Herbst ist das Röhren der brünstigen Hirsche kaum zu überhören.

Doch selbst wenn Sie keinem Einzigen der tierischen Waldbewohner begegnen sollten: Ein Besuch in der verwunschenen Welt aus Fichten und Buchen lohnt sich allein schon wegen der Landschaft.

Durch einen Teil des Waldes führt der Rothaarsteig, der seinen Wanderern immer wieder neue wunderbare Ausblicke bietet. Wintersportfans hingegen finden bei passendem Wetter rund um Bad Berleburg eine Vielzahl ausgeschilderter Loipen und Skihütten. Und sollte der Niederschlag als Regen statt als Schnee herunterkommen, locken als Alternative Ausstellungen und Veranstaltungen in den Museen der Stadt und auf dem fürstlichen Schloss Berleburg.

Sie sehen: So ganz unrecht hat Bad Berleburg nicht, wenn es sich als »Wunderwelt« bezeichnet.

Es wäre schon wirklich ein Wunder, wenn bei diesem reichhaltigen Angebot nichts für Sie dabei wäre.

Adresse Schloss Berleburg, Goetheplatz, 57319 Bad Berleburg | **Informationen zum Rothaarsteig** www.rothaarsteig.de | **Touristeninformation** Bad Berleburg Markt und Tourismus e.V., Poststraße 44, 57319 Bad Berleburg, Tel. 02751/936 33, www.touristik-bad-berleburg.de.

6 Bad Münstereifel

»Mittelalter« – das ist ein Begriff, den man schnell mit Bad Münstereifel in Verbindung bringen kann. Und das nicht etwa nur wegen der vielen mittelalten Heino-Fans, die hier busladungsweise in das Café ihres Idols strömen. Es ist vielmehr das historische Mittelalter, das einem in dieser Stadt auf Schritt und Tritt begegnet. Sei es in Form der fast vollständig erhaltenen Stadtumwehrung aus dem 13. Jahrhundert, der sogar noch älteren Stiftskirche, des leuchtend roten Rathauses, dessen Pranger zu einmaligen Erinnerungsfotos einlädt, oder ganz allgemein durch die Häuser im komplett denkmalgeschützten Stadtkern. Mitten hindurch windet sich die Erft, nahe der um 830 die Keimzelle des Ortes gebaut wurde: das Kloster »Novum Monasterium«, das sich durch ein großzügiges päpstliches Reliquiengeschenk schnell zum beliebten Wallfahrtsort entwickelte.

Schon im Jahr 898 wurde dem Flecken das Marktrecht verliehen – und im Laufe der Jahrhunderte setzte sich ein neuer Name durch: »Monasterium in Eiflia« oder kürzer: »Münstereifel«. Mönche brachten dem Ort Reichtum und Bildung: durch Brauereien, Tuchwirtschaft und ein Klostergymnasium. Im 19. Jahrhundert säkularisierte Napoleon die mittlerweile sieben Klöster im Ort – zusammen mit der nachfolgenden preußischen Herrschaft sorgte das dafür, dass Bad Münstereifel erheblich an Bedeutung verlor.

Doch durch den aufkommenden Tourismus und die offizielle Anerkennung als Kurort ging es im 20. Jahrhundert wieder aufwärts mit dem kleinen Ort. Und seit dem Ende des 20. Jahrhunderts gibt es auch wieder Wallfahrer – wenn auch eher zu Heinos Café als zu einer der vielen Kirchen.

Wer allerdings lieber mehr über die »wahren« Wallfahrer erfahren möchte, der kann eine Stadtführung buchen, auf Wunsch sogar mit einem Führer in mittelalterlicher Tracht. Und danach ist bestimmt immer noch Zeit für einen Kaffee bei Heino …

Adresse Kurverwaltung, Kölner Straße 13, 53902 Bad Münstereifel, Tel. 02253/50 50, www.bad-muenstereifel.de | **Stadtführungen der Kurverwaltung** Information und Anmeldung unter Tel. 02253/54 22 44 oder touristinfo@bad-muenstereifel.de | **Historische Stadtführungen** Tel. 02253/88 18 (ab 14 Uhr), www.torwaechter-bad-muenstereifel.de | **HEINO Rathaus Café** Marktstraße 18, 53902 Bad Münstereifel, Tel. 02253/66 50, Öffnungszeiten täglich 10–18 Uhr (im Sommer 9.30–18.30 Uhr).

7___Jahrhunderthalle und Westpark in Bochum

Ursprünglich sah die Jahrhunderthalle noch viel eindrucksvoller aus als heute. Und ursprünglich stand sie auch nicht hier in Bochum, sondern in Düsseldorf. Dort fand nämlich im Jahr 1902 eine große Gewerbeausstellung statt, die von Millionen Besuchern gesehen wurde. Der Beitrag der Bochumer zu dieser Veranstaltung war die Jahrhunderthalle: eine riesige Metallkonstruktion mit neugotischer Fassade und voll funktionsfähigem Glockenturm.

Schon bei der Planung aber war bekannt, dass die Halle nicht ewig dort stehen bleiben würde; deswegen wurde sie so angelegt, dass sie leicht ab- und anderswo wieder aufzubauen war. Leider blieben die dekorativen Elemente außen vor, als die Halle ein Jahr später ihren endgültigen Platz als Gaskraftzentrale im Stahlwerk des Bochumer Vereins für Bergbau und Gußstahlfabrikation fand. In ihrer heutigen schlichten Form sieht sie auf den ersten Blick nicht unbedingt so aus, als verdiene sie die hochtrabende Bezeichnung »Jahrhunderthalle«.

Doch die Bedenken verschwinden, sobald man sie betritt. Nach einer Sanierung ist die Halle nun eines der wichtigsten Kulturzentren im Ruhrgebiet und wird für Konzerte, Opern- und Theateraufführungen genutzt, womit sie in gewisser Weise wieder bei ihren Wurzeln als Ausstellungshalle angekommen ist. Außerhalb der Vorführungszeiten finden regelmäßig Führungen durch das Gebäude statt.

Rund um die Halle erstreckt sich der in den 1990er Jahren angelegte Westpark. Er besticht durch seine terrassenförmigen Hänge, symmetrische Baumreihen und Teiche. Highlight: die 130 Meter lange »Erzbahnschwinge« – eine doppelt gekrümmte Hängebrücke für Fußgänger und Radfahrer.

Übrigens: Noch heute stellt der »Bochumer Verein« im Werk direkt neben dem Park Räder für den Schienenverkehr her. An einigen Stellen im Park hört man es manchmal rumsen – wenn der über hundert Jahre alte Riesenhammer von Krupp auf die Gussteile niedersaust.

Adresse An der Jahrhunderthalle 1, 44793 Bochum, www.jahrhunderthalle-bochum.de | **Informationen zu Führungen** Tel. 0234/96 30 20; Gruppenführungen durch den Westpark und die Jahrhunderthalle sind buchbar über die Bochumer Touristinfo, Tel. 0234/90 49 60 | **Besichtigung des Werksmuseums** des »Bochumer Vereins« für Gruppen unter Tel. 0234/ 68 91-0.

8 Wasserschloss Haus Kemnade in Bochum

Der Name des Wasserschlosses Haus Kemnade hat eine ungewöhnliche Geschichte. Denn das Haus gehörte nicht etwa einmal einer Familie Kemnade. Der Name leitet sich vielmehr von derselben Wurzel ab wie »Kamin«, also Schornstein. Einen solchen zu haben war nämlich im Mittelalter, als Haus Kemnade gebaut wurde, noch keine Selbstverständlichkeit.

Es hat übrigens seinen Grund, dass im letzten Satz statt genauerer Angaben nur »im Mittelalter« steht. Wann genau dieser Adelssitz gebaut wurde, weiß man nicht. Fest steht jedoch, dass er seine heutige Gestalt vor allem im 17. und 18. Jahrhundert erhielt. Einer Legende nach soll das Haus speziell für die Frauen der Adelsfamilien Syberg und Romberg gebaut worden sein. Die Männer sollen demnach ungefähr einen Kilometer entfernt auf Burg Blankenstein residiert haben. Historische Belege für dieses eher unpraktische Arrangement gibt es allerdings nicht.

Sicher ist aber, dass das Schloss heute weder Männern noch Frauen gehört: Haus Kemnade beheimatet jetzt eine bedeutende und kostbare Sammlung von Musikinstrumenten. Fast 2.000 historische Stücke aus der ganzen Welt hat das Bochumer Ehepaar Grumbt seiner Stadt vermacht. Viele davon wurden einst an Adelshöfen wie diesem gespielt, und noch heute erklingen sie regelmäßig bei Konzerten im Schloss. Bei einer weiteren Sammlung fällt die Verbindung zum Haus nicht so leicht: Der Bochumer Kurt S. Erich stellt hier Stücke aus seiner Sammlung ostasiatischer Kunst aus – etwas überraschend im mittelalterlichen Umfeld, aber sehenswert.

Die Reihe der Museen wird komplettiert durch ein benachbartes, 250 Jahre altes Bauernhaus, in dem das bäuerliche Leben im 18. und 19. Jahrhundert gezeigt wird. Das Angenehme an all diesen Museen: Der Eintritt ist komplett frei. Und das ist heutzutage mindestens so ungewöhnlich wie ein Kamin im Mittelalter.

Adresse Haus Kemnade, An der Kemnade 10, 45527 Bochum/Hattingen, Tel: 02324/ 302 68, www.fv-hauskemnade.de | **Öffnungszeiten Wasserburg und Musikinstrumenten-Sammlung Grumbt** Mai bis Okt. Di–So 12–18 Uhr; Nov. bis April Di–So 11–17 Uhr | **Öffnungszeiten Bauernhausmuseum** Mai bis Okt. Di–So 12–18 Uhr | Der Eintritt in die Museen ist frei.

9_Doppelkirche Schwarzrheindorf in Bonn

Im Bonner Stadtteil Schwarzrheindorf steht ein romanischer Kirchenbau aus dem 12. Jahrhundert, der eine Überraschung für den Besucher bereithält. Es teilen sich nämlich gleich zwei Kirchen ein Gebäude: im oberen Stockwerk ein Gotteshaus, das der heiligen Maria geweiht ist, im unteren eines für St. Clemens. Einige Jahrzehnte nach dem Bau wurde neben der Kirche ein Nonnenkloster errichtet – und um den Ordensschwestern eine eigene Klosterkirche zu geben, wurde das bereits vorhandene Obergeschoss zur Klosterkirche um- und ausgebaut. Allerdings wurde eine Galerie-Öffnung ausgespart, sodass noch immer der Blick nach unten in den Kirchenraum der Pfarrgemeinde möglich – beziehungsweise von unten her das »Himmlische Jerusalem« sichtbar ist. Nein, damit sind nicht die Klosterdamen gemeint, sondern die Motive der Deckenmalereien über ebendieser Öffnung.

Unter Napoleon wurde der Bau säkularisiert und zum Stall umfunktioniert, aber zum Glück nicht abgerissen. Und auch die prunkvollen romanischen Wand- und Deckenmalereien inklusive des »Himmlischen Jerusalem« überstanden die Jahrhunderte vergleichsweise gut. Zwar waren sie zwischenzeitlich unter Putzschichten verborgen, doch seit Restaurierungsbemühungen im späten 19. Jahrhundert beeindrucken sie die Kirchenbesucher wieder in alter Farbenpracht.

Abgesehen von der Doppelkirche lockt Schwarzrheindorf mit weiteren Sehenswürdigkeiten, etwa der mittelalterlichen Wolfsburg – eine Wasserburg ohne Wasser (das fiel neuzeitlichen Hochwasserschutzmaßnahmen zum Opfer) –, oder direkt neben der Kirche das Wirtshaus Assenmacher. Da dies eine der ältesten urkundlich erwähnten Gaststätten Bonns ist, können Sie beim Bier mit Recht behaupten, dass Sie gerade lokale historische Sehenswürdigkeiten und Besonderheiten erkunden.

Adresse Dixstraße 41, 53225 Bonn | **Öffnungszeiten** außerhalb der Gottesdienste und anderer kirchlicher Veranstaltungen: im Sommer täglich 9–18.30 Uhr, So ab 12.15 Uhr; im Winter täglich 9–17 Uhr; Oberkirche nur Sa außerhalb der Gottesdienste, montags geschlossen | **Wirtshaus Assenmacher** Stiftsstraße 2, 53225 Bonn, Tel. 0228/429 80 89.

10 Die Waldau in Bonn

»Waldau«, das ist ein beliebter Name. Allein in Deutschland gibt es acht Orte und Stadtteile, die so heißen. Noch weiter verbreitet war er in ehemals deutschsprachigen Gebieten in Osteuropa. Ein knappes Dutzend Ortschaften in Polen, Serbien, Rumänien und Russland trug einst diesen Namen. Doch die Waldau, um die es hier geht, ist keine Stadt und kein Dorf. Sie ist ein Teil des Bonner Stadtwalds am Südhang des Venusbergs.

Ein Waldstück in der Waldau hat einen unheilvollen Namen: »Gespensterwald«. Im hellen Sonnenschein wirkt die Gegend harmlos, doch wer bei Nebel oder Dämmerlicht zwischen den bis zu 250 Jahre alten knorrigen Buchen umherirrt, der ahnt schnell, wie die Bezeichnung zustande kam: Hat sich dort nicht etwas bewegt? Sind das Äste oder Arme?

Nur wenige Gehminuten entfernt ist alles Gruselige verflogen: Kinder und Erwachsene stehen am Zaun und beobachten mit großen Augen, wie die Mitarbeiter des Waldaugeheges Wildschweine und Hirsche füttern. Doch die Waldau hat noch mehr zu bieten als Grusel und Gehege: das 1989 eröffnete »Haus der Natur« zum Beispiel.

Hier können Sie sich im Waldinformationszentrum und auf dem Waldlehrpfad über Geologie, Tier- und Pflanzenwelt in der Waldau informieren, die Kinder auf dem wohl beliebtesten und größten Abenteuerspielplatz Bonns toben lassen oder einfach entspannen und in der angeschlossenen Gaststätte einen Kaffee oder ein Bier trinken.

Sollte Ihnen das alles nach zu viel Trubel klingen: Die Waldau ist groß – 160 Hektar, um genau zu sein. Damit bietet sie jenseits der Besucherströme, die gerade an Wochenenden aus der nahen Stadt hierherkommen, noch genügend ruhige Ecken, an denen Sie ganz für sich sein können. An einem Ort, der so heißen mag wie viele andere, der aber so vielseitig, anregend und entspannend ist wie kaum ein anderer. Eben in der Waldau.

Adresse Haus der Natur, An der Waldau 50, 53127 Bonn, Tel. 0228/28 18 84, www.waldau.de.

11 Die Kirchheller Heide in Bottrop

Bottrop-Kirchhellen: Millionen Menschen ist das ein Begriff. Meist allerdings nur in Verbindung mit dem Vergnügungspark, der an der Autobahnausfahrt dieses Namens liegt. Doch bei Kirchhellen gibt es noch einen ganz anderen Park, der jede Menge Vergnügen bereiten kann – und das vollkommen umsonst.

Die Rede ist von der Kirchheller Heide, einer 2.000 Hektar großen Grün- und Waldlandschaft im Nordwesten Bottrops. Sie ist nicht nur eine »grüne Lunge« im Revier. Die Kirchheller Heide ist eine Wohltat für Körper und Seele und zieht vor allem an den Wochenenden Besucher aus dem ganzen Ruhrgebiet an.

Für die wird hier auch jede Menge geboten: Wanderer können 100 Kilometer Wege für sich entdecken, Reiter immerhin 23 Kilometer. Wer sich stattdessen lieber fliegen lässt, kann auf dem Sportflughafen »Schwarze Heide« einen Rundflug buchen, denn die echte Schönheit der Landschaft, die sich hier rund um eine renaturierte ehemalige Kiesgrube erstreckt, wird erst von oben sichtbar. Zurück auf dem Boden fühlt man sich in der Kirchheller Heide manchmal fast schon wie in einem kitschigen Heimatfilm: Wilde Heidschnucken, eine Natur wie aus dem Bilderbuch – nur die Schlagersänger bleiben einem erspart.

Musik kann man ab und zu aber trotzdem hören, schließlich gibt es in der Heide auch Grill- und Zeltplätze. Meist kommen die Klänge heute allerdings aus Lautsprechern und nicht mehr von Wandergitarren – und ob sie der Umgebung angemessen sind, ist sicherlich Geschmackssache. Doch auch das ist zu verschmerzen, schließlich ist die Heide so groß, dass man sämtlichen ungeliebten Geräuschen leicht entkommen kann. Und damit allein hat sie einen großen strategischen Vorteil gegenüber der Vergnügungspark-Konkurrenz bei der Autobahn: Versuchen Sie mal, da einen ruhigen Ort zu finden …

Adresse Regionalverband Ruhr, Umweltpädagogische Station Heidhof, Zum Heidhof 25, 46244 Bottrop-Kirchhellen, Tel. 02045/40 56 14 | **Öffnungszeiten** ganzjährig, bitte vorher anrufen.

12 __ Schloss Augustusburg in Brühl

Wenn Sie einen Kölner fragen, wo das Schloss Augustusburg steht, kann es sein, dass er Sie ratlos ansieht. Fragen Sie hingegen nach dem Brühler Schloss, weiß er sofort Bescheid. Der beeindruckende Bau lässt sich auch nur schwer übersehen; durch seine prominente Lage direkt am Brühler Bahnhof hat ihn so gut wie jeder vor Augen gehabt, der schon mal mit der Bahn von Köln nach Bonn gefahren ist. Erbaut wurde die Anlage im 18. Jahrhundert auf den Ruinen einer mittelalterlichen Wasserburg. Und der Bauherr, Kurfürst Clemens August I., fuhr damals alles an Pomp auf, was im Hochbarock und Rokoko üblich war. Die Residenz und ihr großzügiger Garten geizen nicht mit Extravaganzen wie Prunktreppenhaus und Spiegelweiher, von der üppig ausgestatteten Schlosskirche gar nicht zu reden. Nicht ohne Grund wurden in diesem Schloss zu Zeiten der Bonner Republik regelmäßig Staatsempfänge abgehalten.

Und weil ein Schloss offenbar nicht genug ist, ließ Clemens August schon wenige Jahre nach dem Baubeginn von Schloss Augustusburg noch ein Jagdschloss in die Südost-Ecke des Gartens setzen: das Schloss Falkenlust, in dem auch Casanova zu Gast war, als er im Jahr 1760 am Kölner Karnevalstreiben teilnahm. Falkenlust ist deutlich kleiner als Augustusburg, aber nicht weniger prächtig und sehenswert. Ganz abgesehen davon, dass allein der Weg durch den malerischen Barockgarten einen Besuch rechtfertigt.

In unmittelbarer Nähe der Schlossanlagen befindet sich auch ein sehr sehenswertes Museum für das Werk des wohl berühmtesten Brühlers: Max Ernst. Auf 1.100 Quadratmetern werden hier Grafiken und Skulpturen des Künstlers ausgestellt. Sie sehen: Das »Brühler Schloss« hat viel zu bieten. Und wenn Sie sich einmal die Mühe gemacht haben, es nicht nur vom Bahnhof aus zu betrachten, sondern ihm einen Besuch abzustatten, werden Sie den Namen Schloss Augustusburg so schnell nicht mehr vergessen.

Adresse Schloss Augustusburg und Schloss Falkenlust, Max-Ernst-Allee/Am Bundes-bahnhof, 50321 Brühl, Tel. 02232/44 00-0, www.schlossbruehl.de | **Öffnungszeiten** Dez. und Jan. geschlossen; Feb. bis Nov. Di–Fr 9–12 Uhr und 13.30–16 Uhr, Sa und So 10–17 Uhr (jeweils letzter Einlass) | **Öffnungszeiten Schlossgarten** Mai bis Aug. 7–21 Uhr; Sept. bis April 7–19 Uhr.

13 Hermannsdenkmal in Detmold

Achtung, jetzt wird's gemein: Einen der spannendsten Plätze im Hermannsdenkmal können Sie gar nicht besuchen, es sei denn, es ist Ihr Job, die Standfestigkeit und den allgemeinen Zustand des Wahrzeichens von Ostwestfalen zu überprüfen. Langer Rede kurzer Sinn: Es geht um den Innenraum des Denkmals. Entgegen landläufiger Legenden gibt es weder Kaffeetische im Kopf des berockten Recken – es wäre auch unmöglich, sie durch die gewundenen Klettergänge nach oben zu bekommen –, noch kann man aus einem seiner Nasenlöcher in die Tiefe stürzen. Die sind nämlich kaum größer als Tennisbälle. Dementsprechend war das Innenleben Hermanns, so faszinierend seine Stahlkonstruktion sein mag, auch nie für die Öffentlichkeit zugänglich. Es war und ist schlicht nicht dafür gebaut.

Aber auch ohne Kletterpartie in den Eingeweiden des Germanenhelden lohnt sich ein Ausflug zu dem 1875 fertiggestellten Denkmal. Und das hat sich herumgesprochen: Bis zu eine Million Menschen besuchen den kupfernen Germanen in jedem Jahr. Und da stört es dann auch gar nicht, dass Archäologen heute davon ausgehen, dass sich die Niederlage der Römer in der Varusschlacht gar nicht hier ereignet hat: Für die Detmolder ist der Mann mit dem gen Himmel gereckten Schwert schon längst »unser Hermann«.

Wie gesagt: Zu Kopfe steigen dürfen Sie dem Herrn nicht, aber gegen Eintritt können Sie vom Sockelumlauf des Denkmals eine wunderbare Rundumsicht über die umliegenden Berge und Täler genießen. Als weitere Angebote locken vor Ort neben der zu erwartenden Gastronomie noch ein kleines Museum zur Geschichte des Denkmals, Spielgelegenheiten für Kinder sowie die Waldbühne am Hermannsdenkmal, auf der in den Sommermonaten regelmäßig Musik-, Theater- und Filmvorführungen geboten werden. Und die sind bestimmt abwechslungsreicher als die Nieten im Innenraum des Denkmals.

Adresse Grotenburg, 32760 Detmold-Hiddesen, 05231/301 48 63, www.hermannsdenkmal.de |
Öffnungszeiten im Sommer 9–18 Uhr; im Winter 9.30–16 Uhr.

14 Schloss und Gut Wendlinghausen in Dörentrup

Ungelogen: Schloss Wendlinghausen bei Lemgo wurde erbaut von einem Vetter des Lügenbarons Münchhausen, und jener berühmte Aufschneider war auch häufig Gast auf dem Anwesen. Bis heute befindet sich das zu Anfang des 17. Jahrhunderts erbaute Weserrenaissance-Schloss in Familienbesitz – auch wenn der Name dank diverser Eheschließungen inzwischen nicht mehr Münchhausen lautet. Dafür ist das Schloss mittlerweile ein Anziehungspunkt für Naturfreunde und Erholungssuchende aus der ganzen Umgebung, denn rund um das Bauwerk erstreckt sich der wohl älteste Park Ostwestfalens. Bis zu dreihundert Jahre alt sind die Bäume, die auf seinen drei Hektar Fläche stehen, und jährlich werden von den Besitzern weitere seltene Zöglinge aus aller Welt eingepflanzt. Zwischen den exotischen Bäumen installieren jedes Jahr wechselnde Künstler ihre oft monumentalen Arbeiten, deren Anblick einen überraschenden Kontrapunkt zu der nach englischem Vorbild gestalteten Gartenanlage bietet. Besonders angenehm: Der Garten ist ganzjährig und kostenlos zu besichtigen.

Ein Grund für all diese Aktivitäten ist, dass das Schloss Teil der Initiative »Garten_Landschaft OstWestfalenLippe« ist, in deren Rahmen rund 250 Schlösser, Gutshöfe, Parks, Klöster und Gärten der Region Tore, Türen und Pforten für Besucher geöffnet haben. Daneben werden in Wendlinghausen kulturelle Veranstaltungen wie Lesungen und Konzerte angeboten. Von der Opernaufführung über Krimidinners bis hin zu Bauern- und Weihnachtsmärkten: Der Veranstaltungskalender des Schlosses ist das ganze Jahr hindurch gut gefüllt.

Und schließlich besteht auch noch die Möglichkeit, das Schloss als Rahmen für eigene Veranstaltungen wie Tagungen oder Hochzeiten zu nutzen. Ob man sich allerdings das Ja-Wort ausgerechnet dort geben möchte, wo einst ein weltberühmter Lügner ein- und ausging, muss wohl jedes Brautpaar für sich entscheiden …

Adresse Wendlinghausen, 32694 Dörentrup, Tel. 05265/89 09,
www.schloss-wendlinghausen.de, www.garten-landschaft-owl.de.

15 _ Alte Kolonie Eving in Dortmund

Im Ruhrgebiet ist so manches anders: Während Großstädte wie Hamburg und Berlin die Menschen im ausgehenden 19. Jahrhundert in Mietskasernen zwängten, entwickelten sich hier die typischen Zechensiedlungen. So etwa die »Alte Kolonie Eving« im Norden Dortmunds, in der ab dem Jahr 1898 Arbeiterwohnungen entstanden, die trotz Ofenheizung und fließendem Wasser nur die Hälfte des damals üblichen Mietpreises kosteten.

Auch wenn die Straßennamen die gleichen sind wie in den großstädtischen Bauprojekten jener Zeit – so gibt es etwa auch in Eving einen Nollendorfplatz –, viel weiter gehen die Gemeinsamkeiten nicht. Statt großer Wohnblöcke stehen hier hauptsächlich kleine Häuschen, von denen keines aussieht wie das andere, und noch heute hat jede der Familien eigenes Gartenland.

Viele Mieter leben hier schon seit Jahrzehnten: ehemalige Bergleute, die sich in ihrer Kolonie wohlfühlen. Dazu haben sich im Laufe der Zeit neue Nachbarn gesellt. Oftmals türkische Familien, die froh über bezahlbaren Wohnraum in einer schönen Umgebung jenseits von Hochhausghettos waren. Auch sie haben sich längst eingelebt in der fast kleinstädtischen Atmosphäre, die die Nachbarschaft hier prägt.

Ebendiese Atmosphäre war in den 1970er Jahren bedroht: Dem Zeitgeist entsprechend sollte die Alte Kolonie abgerissen und durch moderne Bauten ersetzt werden. Eine Bürgerinitiative konnte dies seinerzeit zum Glück verhindern. Der größte Teil der ursprünglich 76 Häuser blieb erhalten und wurde unter Denkmalschutz gestellt.

Und während die alten Mietskasernen in den großen Städten inzwischen zu begehrten und teuren Altbauten mutiert sind, geht es hier im Dortmunder Norden alles etwas entspannter und kleinstädtischer zu. So, wie es früher schon war. Eben so, wie es sich für eine Zechensiedlung gehört.

Adresse Friesenstraße/Körnerstraße/Nollendorfplatz, 44339 Dortmund-Eving,
www.route-industriekultur.de/siedlungen/alte-kolonie-eving/.

16 Dortmunder U

Manch ein Ortsfremder mag sich in Dortmund schon gewundert haben, was es mit dem riesigen leuchtenden »U« auf sich hat, das von fast jedem Punkt der Stadt aus zu sehen ist – dem Autor ist zumindest eine verwirrte Seele bekannt, die es für eine (zugegebenermaßen recht beeindruckende) U-Bahn-Haltestelle hielt.

Doch selbst diejenigen, die wussten, dass der Leuchtbuchstabe einst für die Dortmunder Union-Brauerei stand, taten sich bis vor Kurzem schwer, zu erklären, wofür der Brauereiturm aus dem Jahr 1927 heutzutage genutzt wird. Die Zeiten, in denen hier Bier hergestellt wurde, sind lange vorbei; danach drohte jahrelanger Leerstand die Substanz des Gebäudes anzugreifen. Eine erste Kunstausstellung im Jahr 1998 wies den Weg zur Rettung des markanten Gebäudes, doch viele daran anschließende Nutzungspläne zerschlugen sich wieder.

Im Jahr 2007 kam endlich die Wende: Die Stadt Dortmund kaufte den U-Turm und das umliegende Gelände. Ein Jahr später wurde dann der Umbau zu einem Zentrum für Medienwirtschaft beschlossen. Das Ostwallmuseum für moderne Kunst fand im U seine neue, größere Heimat und ist hier in guter Gesellschaft: Medienkunst, Kultur und Kreativwirtschaft sollen hier neue Energie brauen, den Turm zur Kraftzentrale machen, nicht zum Elfenbeinturm.

Das sind hehre Ziele – in der Realität ist vieles davon noch Baustelle; etliche der Räume im alten Turm stehen derzeit leer oder werden renoviert. Doch ein weithin sichtbares Zeichen des Wandels findet sich direkt unterhalb des leuchtenden »U«: Dort irisieren und irritieren die filigranen bewegten Bilder einer Video-Installation des Dortmunder Regisseurs Adolf Winkelmann. Zusammen mit den bald folgenden Ausstellungs- und Firmeneröffnungen werden sie dafür sorgen, dass sich in Kürze niemand mehr wundern muss, was das Gebäude mit dem großen »U« sein soll.

Adresse Leonie-Reygers-Terrasse, 44137 Dortmund (sollte Ihr GPS-Navi die obige Adresse nicht kennen, verwenden Sie bitte die alte Anschrift: Brinkhoffstraße 4, 44137 Dortmund), Tel: 0231/502 47 23, www.dortmunder-u.de | **Öffnungszeiten** Di, Mi, Sa, So 10–18 Uhr, Do, Fr 10–20 Uhr; Mo geschlossen; Informationen zu Führungen unter Tel. 0231/ 18 99 94 44.

17 Ruine Hohensyburg mit Kaiser-Wilhelm-Denkmal und Vincke-Turm in Dormund

Im Dortmunder Stadtteil Syburg befinden sich direkt nebeneinander zwei Gebäude namens »Hohensyburg«. Das eine ist eine Ruine, und in dem anderen kann man sich ruinieren, es ist nämlich eine Spielbank. Uns geht es um die Ruine. Anders als bei ihrem Nachbarn kostet ein Besuch auf der Hohensyburg keinen Cent, dafür hat man allerdings auch bei Regen kein Dach über dem Kopf, denn diese Mauern wurden nie ein Opfer des Um- und Wiederaufbauwahns in der Epoche der Romantik, der manch andere Ruine ruinierte.

Wenn man bedenkt, dass die Festung einem kompletten Dortmunder Stadtteil ihren Namen gab, verwundert es schon, wie wenig über ihre Geschichte bekannt ist. Erste Befestigungen gab es auf diesem Berg offenbar schon im 8. Jahrhundert. Die heute noch sichtbaren Reste hingegen haben ihren Ursprung wohl im 12. Jahrhundert. In der Zeit danach gingen die Menschen des Mittelalters regelmäßig einer ihrer liebsten Beschäftigungen nach: Burgen erobern, zerstören und wieder aufbauen. Irgendwann im 16. oder 17. Jahrhundert wurde das offenbar langsam langweilig, sodass die Burg in Ruhe vor sich hin verfallen konnte. Falls Sie also archäologische oder heimatkundlerische Ambitionen haben: Hier gibt es noch viel zu tun.

Ein bisschen wurde übrigens doch an den Ruinen herumgebaut: In den Mauern des Palasts befindet sich ein Kriegerdenkmal, das dort ungefähr 1930 aufgestellt wurde. Schon etwas älter ist das Kaiser-Wilhelm-Denkmal nahebei, das allerdings 1935 im Stil der NS-Architektur umgestaltet wurde. Touristisch interessanter ist das markanteste Bauwerk der Anlage: der 26 Meter hohe und über 150 Jahre alte Vincke-Turm, der frisch saniert endlich wieder zu Ausblicken einlädt. Und die sind an klaren Tagen etwas, das man im Casino nicht bekommt: ein garantierter Gewinn.

Adresse Hohensyburgstraße 200, 44265 Dortmund-Syburg.

18 Lutherkirche in Dortmund

In der Nähe des Borsigplatzes in Dortmund liegt die Hirtenstraße, und gute Hirten trifft man in der Dortmunder Nordstadt tatsächlich jede Menge: Drei Gotteshäuser stehen für die Schäfchen dreier Religionen bereit. Türkische Sunniten beten in der Kocatepe-Moschee in der Schlosserstraße, russisch-orthodoxe Christen haben ihre Heilige Dreifaltigkeits-Gemeinde in der Flurstraße, und gleich daneben steht der moderne Bau der evangelischen Lutherkirche.

Das heißt, ganz modern ist er nicht: Schon vor dem Krieg stand hier ein Kirchenbau, der jedoch bis auf den Turm vollkommen zerstört wurde. Dieser Turm steht auch heute noch als Mahnmal neben dem neuen Kirchengebäude aus dem Jahr 1963, das zu Anfang des 21. Jahrhunderts innen noch einmal deutlich umgestaltet wurde und seitdem vor allem für architektonisch Interessierte sehr reizvoll geworden ist. Denn hier wurde das Gemeindezentrum als »Haus im Haus« in den Kirchensaal integriert – wobei seine Räume dank eines genialen Konzepts flexibel vergrößert und verkleinert werden können. Der Bereich für die Gottesdienstfeier wurde einfach oben auf das »Dach« der neuen Konstruktion verlagert. Die neue Innenarchitektur sieht nicht nur gut aus, sie spart auch noch Platz und Heizkosten und damit natürlich auch CO_2. Ein schönes Beispiel für eine rundum gelungene Sanierung durch ein kreatives Raumkonzept.

All das und noch viel mehr können Sie sich auch bei einer Stadtführung erzählen lassen, die regelmäßig die Lutherkirche und die beiden anderen Gotteshäuser in der Nachbarschaft besucht. Veranstalter ist das Projekt »Borsigplatz VerFührung«, das auch noch eine Reihe anderer Themenführungen durch das Viertel anbietet.

Ach ja: Sollten Sie zufällig in der Gegend sein, wenn Borussia Dortmund einen wichtigen Sieg erringt, können Sie am Borsigplatz die vierte Religion der Nordstadt erleben: Dann feiern dort nämlich die BVB-Anhänger stundenlang. Und das vereint sie alle, egal, in welche der drei Kirchen sie sonst auch gehen mögen.

Adresse Flurstraße 41, 44145 Dortmund | **Führungen** Tel. 0231/981 88 60, www.borsigplatz-verfuehrung.de.

19__Duisburger Hafen

Eigentlich ist es nicht ein Hafen, um den es hier geht, sondern viele: Insgesamt 21 separate Hafenbecken finden sich im Bereich der Mündung der Ruhr in den Rhein – zusammen ergeben sie die Duisburg-Ruhrorter Häfen und damit einen der größten Binnenhäfen der Welt.

Erstaunlicherweise schaffte es der Hafen, dem Strukturwandel zu trotzen: Auch nach dem Ende der großen Zeit von Stahl und Kohle im Ruhrgebiet herrscht hier noch jede Menge Betrieb. Doch der Fortschritt hat den Hafen verändert. Containerterminals ermöglichen eine raschere Abfertigung der Schiffe, und so werden trotz gestiegenen Frachtaufkommens weniger Hafenbecken gebraucht. In diesem Bereich ist der Wandel noch in vollem Gange. Besonders der zentral gelegene Innenhafen kommt als Vorzeigeprojekt der Umnutzung ehemaliger Hafenanlagen als Wohn-, Geschäfts- und Vergnügungsviertel nicht so schnell in Gang wie erhofft: Bauprojekte wie das seit Jahren geplante »Eurogate«-Konferenzzentrum mussten aus Finanzierungsgründen mehrfach verschoben oder unterbrochen werden.

Dennoch: Der Hafen verändert sich, deshalb hilft ein Blick in seine Vergangenheit. Zum Beispiel im Museum der Deutschen Binnenschifffahrt im alten Ruhrorter Hallenbad. Wenn Ihnen der dort vorhandene begehbare Nachbau eines Binnenschiffs nicht reicht, können Sie in den Sommermonaten nahebei an Bord der Museumsschiffe »Oscar Huber« und »Minden« gehen. Für das authentische Hafenerlebnis vom Wasser aus schließlich eignet sich eine Hafenrundfahrt mit den Schiffen der Weißen Flotte Duisburg.

Vom Wasser aus sehen Sie auch manch Unverhofftes. Zum Beispiel die vielen Schiffsnamen, die an die Kaimauern gepinselt wurden – Hinterlassenschaften von Besatzungen, die hier vor Anker lagen. Oder auch, in den Überresten einer alten Schiffswerft, das Kunstwerk »Blaue Grotte« von Heide Weidele: ein blau ausgemalter Gang am Ufer, der insbesondere nachts durch Wasserreflexionen und Scheinwerferlicht Erinnerungen an Capri wach werden lässt.

Adresse Innenhafen, Philosophenweg 19, 47051 Duisburg, www.innenhafen-portal.de | **Hafenrundfahrten** Tel. 0203/713 96 67, www.wf-duisburg.de | **Museum der Deutschen Binnenschifffahrt** Apostelstraße 84, 47119 Duisburg, Tel. 0203/808 89 40, www.binnenschifffahrtsmuseum.de, Öffnungszeiten Mai bis Sept. Di–So 10–17 Uhr.

20 Landschaftspark Duisburg-Nord

»Landschaftspark«, wer diesen Begriff hört, denkt wahrscheinlich nicht als Allererstes an Hochöfen, Gasometer und alte Fabrikhallen. Doch tatsächlich hat die Stadt Duisburg es geschafft, das Gelände einer alten Eisenhütte im Norden der Stadt innerhalb von weniger als zehn Jahren zu einer Besucherattraktion umzugestalten, die alles in sich vereint: Kultur und Natur, Freizeit und Bildung, Konservation und Strukturwandel.

Alte Industrieanlagen wurden zu Kletterwänden, Konzerthallen oder Aussichtspunkten umfunktioniert. Dazwischen wuchern Pflanzen auf der Natur überlassenen Flächen, und ein ausgeklügeltes Bewässerungskonzept sorgt dafür, dass selbst die durch den Park fließende Emscher von der Umnutzung profitiert.

Eines der beliebtesten Ziele des Parks ist der 70 Meter hohe Hochofen 5. Von ihm aus hat man bei klarem Wetter einen großartigen Blick über das gesamte Umland. Taucher zieht es in den mit Wasser gefüllten Gasometer, in dem ein Trainingszentrum für sie angelegt wurde. Mitglieder und Gäste des Alpenvereins können hingegen auf verschiedenen Kletterparcours unterschiedlicher Schwierigkeitsgrade an den Wänden einzelner Hallen entlangkraxeln.

Neben einem abwechslungsreichen Kulturprogramm mit vielen Konzerten und Veranstaltungen wird vom Park eine Unzahl an Aktivitäten angeboten: Regelmäßige Führungen für alle Altersgruppen zu verschiedenen Aspekten des Parks ebenso wie GPS-Schnitzeljagden für Kinder, Jugendliche und Erwachsene.

Die Parkverwaltung gibt an, dass mehr als eine halbe Million Menschen pro Jahr hierherkommt, und es fällt nicht schwer, das zu glauben. Der Landschaftspark Duisburg-Nord mag nicht das sein, was man sich spontan unter einem Landschaftspark vorstellt – einen oder mehrere Besuche ist er aber auf jeden Fall wert.

Adresse Emscherstraße 71, 47137 Duisburg, Tel. 0203/429 19 19, www.landschaftspark.de | Bei **Führungen** wird eine Voranmeldung empfohlen.

21 Duisburger Zoo

Fast 280 Tierarten hat der Duisburger Zoo im Angebot, am berühmtesten aber dürfte eine sein, die auf den ersten Blick eigentlich eine der langweiligsten sein müsste: die Koalas nämlich. Die knuddelig aussehenden Beuteltiere, die nicht im Geringsten mit Bären verwandt sind, verbringen nämlich den Großteil ihrer Lebenszeit damit, zu schlafen. Das müssen sie auch, denn Eukalyptus, ihre einzige Nahrungsquelle, gibt nicht besonders viel her.

Das mag so klingen, als ob Koalas die idealen Haustiere seien: Ruhig, genügsam und man muss sich nie Gedanken darüber machen, was sie fressen wollen. Tatsächlich ist es aber umgekehrt: Es gibt nämlich mehr als ein Dutzend verschiedener Eukalyptussorten, und die Tiere sind berüchtigt dafür, je nach Jahreszeit eine andere Sorte zu bevorzugen.

Was genau sie wann dazu bringt, den Speiseplan umzustellen, weiß man nicht, deswegen bleibt dem Zoo auch nichts anderes übrig, als jederzeit alle Sorten vorrätig zu haben und den Koalas anzubieten.

Das wiederum ist keine einfache Leistung: Eukalyptus gedeiht hierzulande selbst im Treibhaus nur in den warmen Monaten, den Rest des Jahres lässt der Duisburger Zoo ihn aus Florida einfliegen.

Der Aufwand lohnt sich: Die empfindlichen Tiere danken die Mühe regelmäßig mit Nachwuchs.

Doch, wie gesagt, neben den Koalas hat der Duisburger Zoo noch viel mehr zu bieten. Falls die grauen Beuteltiere wieder einmal nur im Baum hängen und pennen, gibt es Kamele, Affen, Bären, Chamäleons und viele Tiere mehr zu bestaunen.

Wenn Sie also das nächste Mal auf der Autobahn 3 zwischen Köln und Oberhausen unterwegs sind und die grünen »ZOO«-Buchstaben auf der Brücke über Ihnen sehen – fahren Sie doch einfach mal raus und statten Sie der tierischen Groß-WG in Duisburg einen Besuch ab.

Adresse Mülheimer Straße 273, 47058 Duisburg, Tel. 0203/30 55 90, www.zoo-duisburg.de | **Öffnungszeiten** Nov. bis Feb. 9–16 Uhr; März bis Okt. 9–17.30 Uhr.

22 Düsseldorfer Altstadt

Die längste Theke der Welt – das fällt wohl jedem als Erstes zu Düsseldorfs Altstadt ein. Nicht ganz zu Unrecht: Über 300 Lokale laden hier zum Essen, Trinken und Feiern ein. Dennoch: Wer Düsseldorfs Altstadt nur darauf reduziert, wird ihr alles andere als gerecht.

Merkwürdigerweise fangen eine Menge Sehenswürdigkeiten hier mit »K« an: Die Kneipen erwähnten wir ja schon, doch daneben gibt es zum Beispiel einige sehr sehenswerte Kirchen.

Vorneweg St. Lambertus aus dem 14. Jahrhundert, eines der ältesten Bauwerke der Stadt. Falls Sie sich über den verdrehten Turmhelm wundern: Der war mal ein Baufehler, aber die Düsseldorfer haben sich so an ihn gewöhnt, dass das Dach nach dem Krieg absichtlich wieder in dieser Form aufgebaut wurde. Fast süddeutsch mutet hingegen die Andreaskirche aus dem 17. Jahrhundert an, mit der in der Zeit der Gegenreformation der Machtanspruch des Katholizismus in der Region dokumentiert werden sollte.

Das nächste »K« ist die Kunst: K20 und K21, die beiden Museen der Kunstsammlung Nordrhein-Westfalen, glänzen mit Sammlungen zeitgenössischer Kunst, wobei besonders im K21 allein die Innenarchitektur schon ein Kunstwerk ist. Daneben gibt es noch die Kunsthalle und den Kunstverein als Orte für Wechselausstellungen sowie die Kunstakademie, an der unter anderem Joseph Beuys wirkte.

Als weiteres »K« ist das Kabarett zu erwähnen: Lore Lorentz' »Kom(m)ödchen« hat schon viele bekannte Kabarettisten hervorgebracht und zählt zu den beliebtesten Bühnen der Stadt.

Das letzte »K« ist jetzt ein »C«, aber so ganz konnten sich die Düsseldorfer lange nicht über die Schreibweise des Carlsplatzes einigen. Einig waren sie sich aber in einem: Der tägliche Markt dort ist ein fester Bestandteil des Düsseldorfer Lebens.

Wenn Sie nach all den Sehenswürdigkeiten eine Pause brauchen, gibt es natürlich noch ein »K« in der Stadt: Kaffee. Oder auch ein Altbier, denn die längste Theke der Welt, die ist ja auch noch da.

Adresse Kunsthalle, Grabbeplatz 4, 40213 Düsseldorf, 0211/899 62 40, www.kunsthalle-duesseldorf.de | **K20** Grabbeplatz 5, 40213 Düsseldorf | **K21** Ständehausstraße 1, 40217 Düsseldorf, Tel. (für beide Sammlungen) 0211/838 12 04, www.kunstsammlung.de | **Kom(m)ödchen** Kay-und-Lore-Lorentz-Platz, 40213 Düsseldorf, Tel. (für Karten) 0211/ 32 94 43, Tel. (Büro) 0211/32 56 06, www.kommoedchen.de | **Carlsplatz** 40213 Düsseldorf, www.carlsplatz.net | **Weitere Informationen und Führungen** www.duesseldorf-tourismus.de.

23__Kaiserpfalz Kaiserswerth

Von der Reichsstadt zum Vorort – so könnten böse Zungen Kaiserswerth beschreiben, doch damit täten sie dem Düsseldorfer Ortsteil mehr als Unrecht.

Sicher, die große Politik wird heute einige Kilometer weiter südlich gemacht, doch die mittelalterlichen Bauten beeindrucken bis heute. In erster Linie natürlich die imposanten Ruinen der Kaiserpfalz. Direkt am Rhein stehen die geschichtsträchtigen Mauern, die mehr als tausend Jahre wechselhafter politischer Geschicke miterlebt haben. Und mit ein wenig Phantasie kann sich auch der heutige Besucher vorstellen, wie es hier zuging: festliche Einzüge des Hofstaats, monate- oder gar jahrelange Belagerungen, dazwischen Intrigen und Entführungen in Adelskreisen.

Ursprünglich lag die Festung geschützt auf einer Insel (mittelhochdeutsch »werth«, daher der Name), doch im 13. Jahrhundert ließ Graf Adolf III. von Berg bei einer Belagerung einen Damm bauen, um den Seitenarm des Rheins, der die Pfalz schützte, trockenzulegen. Die Eroberung gelang, und seitdem kommt man trockenen Fußes zur Pfalz und wieder zurück.

Auch wenn nach vielen Auseinandersetzungen heute nur noch Ruinen von der einstigen Bedeutung des Ortes zeugen: Ein Besuch lohnt sich.

Aber Achtung: Die Ruine kostet zwar keinen Eintritt, hat aber Öffnungszeiten. Das Gelände kann nur von Karfreitag bis zum 31. Oktober betreten werden.

Ohne feste Öffnungszeiten und mit deutlich vollständigeren Mauern präsentiert sich gleich nebenan ein anderes Juwel der Stadt: Der Stiftsplatz, auf dem sieben Linden für die sieben Sakramente stehen. Direkt daneben: die mittelalterliche Suitbertus-Basilika, die nach der letzten Restaurierung innen wieder in den Farben des 13. Jahrhunderts erstrahlt. Fast alles hier ist denkmalgeschützt – und wer inmitten der alten Mauern steht, der fühlt sich nicht wie in einem Vorort, sondern wie einst in der Reichsstadt Kaiserswerth.

Adresse Burgallee, 40489 Düsseldorf, Tel. 0211/899 30 15, www.kaiserpfalz-kaiserswerth.de | **Öffnungszeiten** Karfreitag bis 31. Okt. 9–18 Uhr; Eintritt frei | **Führungen** Nur für Gruppen ab ca. 20 Personen, Voranmeldung unter Tel. 0211/406 68 erforderlich.

24__ Schloss Benrath in Düsseldorf

Was würden Sie tun, wenn Sie ein Wasserschloss aus dem 17. Jahrhundert in Ihrem Besitz hätten? Für den Kurfürsten Karl Theodor von der Pfalz war diese Frage im 18. Jahrhundert ziemlich leicht zu beantworten: abreißen und ein neues Schloss bauen. Mit zwei Innenhöfen, 81 Zimmern und einem 61 Hektar großen Park.

Und was würden Sie tun, nachdem dieses Bauwerk fertiggestellt wäre? Vermutlich nicht das, was der Kurfürst tat – der zog nämlich gar nicht erst ein, sondern musste sozusagen »beruflich« nach München, um den bayerischen Thron zu übernehmen.

Düsseldorfs vermutlich einzige 81-Zimmer-Wohnung blieb auch in den folgenden Jahrzehnten allenfalls Sommersitz diverser Adelsgeschlechter; seinen Dauerwohnsitz schlug hier niemand auf. Dafür kam das Schloss zu literarischen Ehren: Als Schloss Holterhof taucht es in Thomas Manns Erzählung »Die Betrogene« auf.

Heute können Sie sich vom Schloss inspirieren lassen – zum Beispiel vom Zentralgebäude, französisch »Corps de Logis« genannt, dessen Inneres im Rahmen von Führungen besichtigt werden kann. In den Nebenflügeln laden außerdem das Museum für Europäische Gartenkunst und das Museum für Naturkunde zum Besuch ein. Alle drei Museen können unabhängig voneinander oder mit einer vergünstigten Verbundkarte besucht werden und bieten zum Teil neben den Standardführungen auch Touren, Vorträge und Aufführungen zu speziellen Themen sowie auf Kinder zugeschnittene Veranstaltungen an.

Falls Sie Ihren Ausflug noch mit ein wenig Einkauf verbinden wollen: Jeden Donnerstagvormittag wird in der Kräuter- und Gemüseecke das Schlossgemüse verkauft. Damit sollten Sie es nach dem Kauf aber nicht dem Kurfürsten gleichtun: Essen Sie es lieber, statt es zu ignorieren.

Adresse Schloss Benrath, Benrather Schlossallee 100–106, 40597 Düsseldorf, 0211/ 899 38 32, www.schloss-benrath.de | **Öffnungszeiten** 16. April bis 31. Okt. Di–So 10–18 Uhr; 1. Nov. bis 15. April Di–So 11–17 Uhr, Mo ganzjährig geschlossen.

25 __ Nationalpark Eifel

Wenn Sie in Ihrem Garten seit 2004 die Natur sich selbst überlassen hätten, wäre Ihnen inzwischen wahrscheinlich Ihr Nachbar aufs Dach gestiegen. Wenn man jedoch den Maßstab etwas vergrößert und statt eines Gartens gleich 10.700 Hektar Buchenwälder sich frei entfalten lässt, dann hat man ein faszinierendes Naturgebiet: den Nationalpark Eifel, den 14. Nationalpark Deutschlands und den ersten in Nordrhein-Westfalen.

Wer regelmäßig hierherkommt, kann quasi live bei der Geburt eines Urwalds dabei sein und nebenbei auch noch beeindruckende Ausblicke genießen. Zum Beispiel von der Hirschley, einem Aussichtspunkt auf dem Kermeter-Höhenzug, der einen wunderbaren Blick über die Eifelhöhen und den bei Wassersportlern beliebten Rursee bietet. Wer sich nicht auf eigene Faust dorthin aufmachen möchte, kann jeden Sonntagnachmittag an kostenlosen Wanderungen unter der Leitung eines Park-Rangers teilnehmen. Anmeldungen sind nicht erforderlich. Eine Übersicht über Treffpunkte und weitere geführte Wandertouren findet sich auf der Webseite des Nationalparks.

Doch der Nationalpark besteht nicht nur aus Wald und Seen: Rund um das dörfliche Huppenbroich, einen Ortsteil des nahe gelegenen Simmerath, führen zahllose Wanderwege zwischen Feldern und Wiesen hindurch – und da Huppenbroich selbst mehr als 500 Meter über dem Meeresspiegel liegt, bieten sich auch hier immer wieder Aussichtsgelegenheiten auf die Hügel und Täler der Eifel. Und wer all das lieber im Sitzen erleben möchte, muss nicht auf sein Auto zurückgreifen, sondern kann sich zu jeder Jahreszeit mit Pferdekutschen oder -schlitten im wahrsten Sinne des Wortes durch die Landschaft kutschieren lassen.

Wenn Sie so etwas in Ihrem verwilderten Garten anböten, wäre der Nachbar wahrscheinlich erst recht ungehalten – darum lieber den Rasen mähen und ab und zu einen Ausflug in den Nationalpark Eifel machen.

Adresse Nationalpark Eifel, Parkmöglichkeit zum Beispiel Seeufer 3, 52152 Simmerath-Rurberg, Tel. 02444/951 00, www.nationalpark-eifel.de | **Kutschfahrten** Tel. 02473/93 98 18 oder 0152/29 59 03 11, www.eifel-coaching.de.

26 »Schöne Aussicht« bei Einruhr

Nahe dem kleinen Ort Einruhr erhebt sich am Ufer des Obersees ein Gipfel mit einem vielversprechenden Namen: die »Schöne Aussicht«. Diese Bezeichnung hat einen wahrhaft königlichen Ursprung: Friedrich Wilhelm IV. von Preußen inspirierte Ende des 19. Jahrhunderts die Namensgebung durch sein zwar wenig originelles, aber durchaus zutreffendes Urteil. Ein (zwischenzeitlich erneuertes) Steinkreuz erinnert an diesen Moment.

Schön ist die Aussicht noch heute, auch wenn sie sich seit der Kaiserzeit deutlich verändert hat: Nun geht der Blick auf das Südende des Obersees, einen der vielen Stauseen in der Eifel. Während Einruhrs Nachbardorf Pleushütte in den 1950er Jahren den Wassermassen weichen musste, kann sich Einruhr heute mit dem Titel »Dorf am See« schmücken und profitierte mit Badestrand und zahlreichen Hotels und Pensionen von der unverhofften Landschaftsveränderung.

Neben der »Schönen Aussicht« lassen sich von Einruhr auch andere ungewöhnliche Orte der Eifel erreichen. So etwa das Geisterdorf Wollseifen, das nach dem Zweiten Weltkrieg geräumt und zum britischen Truppenübungsgelände erklärt wurde. Erst seit dem Jahr 2005 ist es wieder für die Öffentlichkeit zugänglich. Ganz in der Nähe befindet sich die NS-Ordensburg Vogelsang, ein von den Nazis angelegtes Schulungszentrum für zukünftige Führungskader, das nach vielen Jahren, in denen es Teil des Militärbereichs war, derzeit nach und nach zu einer NS-Gedenk- und Informationsstätte umgebaut wird.

Weniger geschichtlich vorbelastet sind die zahlreichen Eifel-Stauseen selbst. Wanderungen entlang ihren Ufern, auf den Kronen der Staumauern oder nach oben zu den Berggipfeln bescheren Ihnen sicherlich eine Menge schöner Aussichten – auch wenn es offiziell nur einen Aussichtspunkt gibt, der diesen Namen trägt.

Adresse www.rursee.de, www.rureifel-tourismus.de | Parkmöglichkeit zum Beispiel auf einem Parkplatz an der B266 zwischen Einruhr und Kesternich. Die Straße heißt hier »Schöne Aussicht«. Vom Parkplatz aus ist der Weg zum Aussichtspunkt ausgeschildert.

27 Die Ems

Nicht jeder bringt die Ems sofort mit Westfalen in Zusammenhang. Immerhin hat sie ihren eigenen, nach ihr benannten Landkreis in Niedersachsen: den Kreis Emsland, der nördlich von Rheine beginnt und sich bis hinauf nach Papenburg erstreckt. Doch ihr Oberlauf prägt das nördliche Münsterland von Sassenberg im Osten bis Salzbergen im Nordwesten. Früher war sie Schifffahrtsverbindung und Wasserquelle für die Textilindustrie. Heute wird sie vor allem als Erholungsgebiet genutzt und ist Heimat für viele verschiedene Tier- und Pflanzenarten. Hier finden sich Steilwände mit Vogelkolonien oder Weiden mit Auerochsen und Wildpferden.

Die verschiedenen Gesichter der Ems entdeckt man am besten auf einer ausgedehnten Kanutour von Telgte bis Emsdetten. Wobei »ausgedehnt« hier relativ zu verstehen ist: Etwa zweieinhalb Stunden sollte man für die Strecke einplanen. Dabei erlebt man die Ruhe der Natur ebenso wie die Ems als reißenden Fluss.

Wer lieber an Land bleiben möchte, kann die Ems als Radfahrer entlang dem EmsRadweg erkunden, zum Beispiel mit einer Fahrt zum Sachsenhof bei Greven. Die Anlage, direkt an der Ems gelegen, ist eine originalgetreue Nachbildung eines sächsischen Hofes aus dem frühen Mittelalter und kann jederzeit kostenlos betreten werden. An verschiedenen Aktionstagen im Frühjahr und Sommer organisiert der Heimatverein Greven auf dem Hof Handwerkerkurse.

Als besonderes Erlebnis bietet sich bei Rheine eine Fahrt auf der alten Bockholter Holzfähre an, deren Landungssteg direkt bei einem gemütlichen Ausflugslokal liegt.

Und wenn Sie dann irgendwann so wohlig müde sind, dass Ihnen nicht mehr nach Zurückradeln ist: kein Problem. Ab Greven verläuft die Bahnstrecke Münster–Norddeich über weite Strecken beinahe parallel zur Ems und bringt Sie selbst dann zurück nach Hause, wenn Sie im Eifer des Gefechts vom Münsterland ins Emsland gewechselt sind – die Gegend also, die man normalerweise mit der Ems in Verbindung bringt.

Adresse EmsRadweg www.ems-rad-weg.de | **Sachsenhof** Pentruper Mersch,
48268 Greven, Tel. 02571/13 00, www.heimatverein-greven.de | **Bockholter
Emsfähre** Zur Bockholter Emsfähre 111, 48432 Rheine | **Kanutouren**
Tel. 0251/87 18 80, www.rucksack-reisen.de.

28___Der Baldeneysee in Essen

Sechs Stauseen gibt es an der Ruhr, und der Baldeneysee ist der größte von ihnen. Angelegt wurde er in den 1930er Jahren als eine Art natürliche Kläranlage: Durch die Verlangsamung des Wassers sollten sich Schwebstoffe absetzen. Heute gewinnt man das Trinkwasser dann doch lieber mit »richtigen« Kläranlagen. Die haben mit dem Baldeneysee eines gemeinsam: In beiden darf man nicht schwimmen. Warum das bei Klärbecken so ist, dürfte für jeden sofort nachvollziehbar sein, im Falle des Sees wird hingegen auf eine zu hohe Bakterienkonzentration verwiesen.

Wie die meisten Stauseen der Region wird der Baldeneysee heute für Wassersport und zur Erholung genutzt. Doch auch Kultur findet sich an seinen Ufern.

Größte Attraktion ist natürlich die pompöse Villa Hügel der Familie Krupp am Nordufer, die heute als Museum und Kunstgalerie genutzt wird. Etwas weiter östlich befindet sich das leer stehende Schloss Baldeney, das nicht für die Öffentlichkeit zugänglich ist. Liebhaber von Industriedenkmälern werden am Nordostufer fündig, wo die letzten Reste der Zechen Carl Funke und Hundsnocken stehen.

Wenn Ihnen das alles zu viel Kultur ist: Im ehemaligen Freibad am Nordufer ist vor einigen Jahren der »Seaside Beach Baldeney« eingezogen, komplett mit künstlichem Sandstrand, aber – den Bakterien geschuldet – ohne Schwimmmöglichkeit. Am Südufer hingegen wurde die Ruine des alten Adelshofs Haus Scheppen nach dem Wasseranstieg zu einem Bootsanleger mit Restaurant umfunktioniert.

Und wie kommt man am besten von einem Ort zum anderen? Nun, der See ist überschaubar und lässt sich gut mit dem Fahrrad, Inlineskates oder zu Fuß umrunden. Wer sich nicht so viel bewegen möchte, kann aber auch auf die Dampfer der Weißen Flotte Baldeney zurückgreifen, die zwischen verschiedenen Anlegern rund um den See verkehren. Egal, wie Sie um den Baldeneysee herumkommen, kommen sollten Sie auf jeden Fall. Zum größten Stausee der Ruhr und dem schönsten Klärbecken der Welt.

Adresse Baldeneysee, Essen-Werden, www.baldeneysee.de.

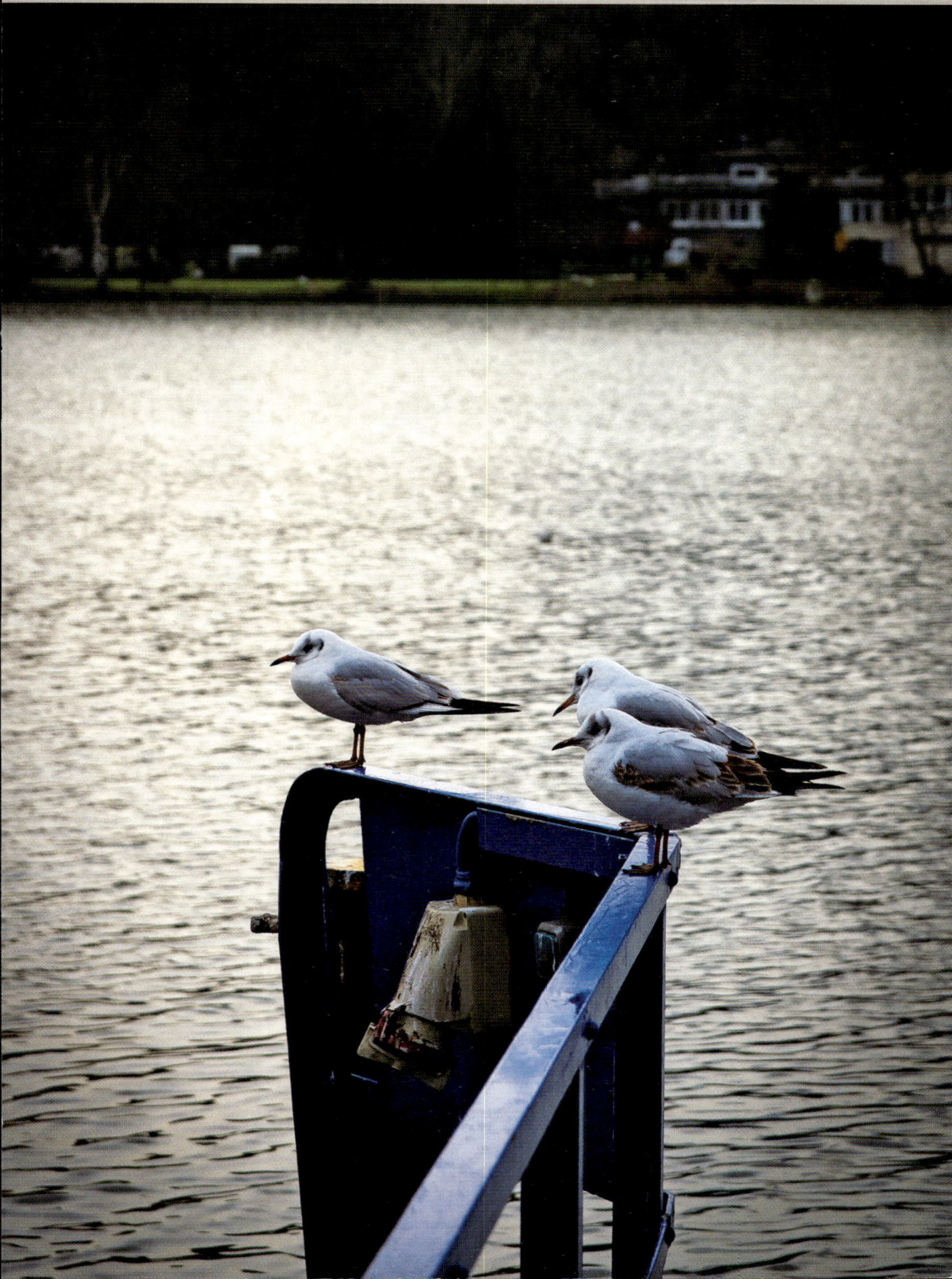

29 — Künstlerviertel Isenberg in Essen

»Klein-Berlin« oder »Klein-Amsterdam« nennen sie es: das Isenbergviertel im Essener Süden. Und groß ist es tatsächlich nicht. Nur eine Handvoll Häuserblocks in der Weite der Stadt. Doch auch Berliner Kieze sind oft winzig. Und wichtig ist ja auch nicht, wie groß eine Nachbarschaft ist – es kommt auf die Menschen an, die dort leben. Und im Isenbergviertel leben interessante Menschen:

Nach und nach zogen Lebenskünstler, Kreative und Alternative hierher. Die Vorliebe der Bewohner für Ausgefallenes sieht man an jeder Häuserwand. Skulpturen, Graffiti, Bilder und Kleinkunst bestimmen das Erscheinungsbild des Viertels. Während Kinder auf dem Spielplatz herumtollen, reden die Bewohner über neue Projekte oder tauschen Neuigkeiten aus der Nachbarschaft aus. Mit Bars, Restaurants, Kneipen, Cafés und Klamottenläden vom Secondhandshop bis zum Jungdesigner ist das Viertel Anziehungspunkt für jede Altersklasse.

Auch Musik gehört zum Isenbergviertel. Dem alten Akkordeonspieler Günni errichteten die Leute hier sogar ein eigenes Denkmal, und seine Nachfolger im Geiste spielen regelmäßig auf den Straßen oder in den Kneipen.

Das Isenbergviertel ist wahrscheinlich nicht das Essen, das man als Besucher der Region erwartet: Hier gibt es keine Fabrikschlote, keine Reihen von Bergarbeiterhäuschen und keine Fördertürme, und statt Eisenhämmern hören Sie höchstens Espressomaschinen. Aber es ist genau das Essen, das seine Bewohner gerne hätten. Und dieses Lebensgefühl überträgt sich auch auf den Besucher.

Also passen Sie lieber auf, dass aus dem schnellen Kaffee, den Sie hier nur mal eben trinken wollten, keine Kneipentour wird. Denn das Viertel hat seinen eigenen Lebensrhythmus – und ein geöffnetes Lokal findet man hier zu fast jeder Uhrzeit. Eben ganz so wie im großen Berlin oder Amsterdam, nur alles eine Nummer kleiner und vertrauter.

Adresse Isenbergstraße/Isenbergplatz, 45130 Essen.

30 Park und Schloss Essen-Borbeck

Zweiundvierzig Hektar Natur und Entspannung: Der Borbecker Schlosspark ist ein wunderbares Gegenargument, wenn Auswärtige wieder einmal auf die Idee kommen, Essen nur auf Kohle, Stahl und Ruhrpott-Charme zu reduzieren.

Das Wasserschloss Borbeck, dessen Wurzeln bis ins Mittelalter reichen, steht in seiner heutigen Form seit dem 18. Jahrhundert an seinem Ort, und auch der riesige Park stammt aus jener Epoche und gilt als eine der ältesten gestalteten Parkanlagen des Rheinlands.

Der Park ist beliebt bei Jung und Alt: Eltern zeigen ihren Kindern die sanften schwarzen Schwäne im Schlossteich, Jogger drehen ihre Runden, jugendliche Skater nutzen die extra errichtete Rampenanlage, und verliebte Pärchen genießen die Sonne auf den Parkbänken.

Falls diese Pärchen dann einmal heiraten wollen: Die alte Schlosskapelle eignet sich hervorragend dafür, denn in ganz Essen gibt es kaum einen romantischeren Ort – frühe Terminabsprachen sind daher allerdings Pflicht.

Andere Schlossaktivitäten müssen weniger strikt vorausgeplant werden: ein Besuch der regelmäßig wechselnden Kunstausstellungen zum Beispiel oder ein Blick in die Dauerausstellung zur Schlossgeschichte.

Auch Musikfans kommen im Schloss auf ihre Kosten: Sei es als Zuhörer bei den zahlreichen Konzertabenden, die in Schloss Borbeck jedes Jahr veranstaltet werden, oder indem sie selbst aktiv musizieren. Das Schloss unterhält nämlich auch eine Außenstelle der Folkwang-Musikschule.

Wenn Sie nun vor lauter Angebotsvielfalt nicht wissen, was Sie hier alles tun sollen: Lassen Sie es ruhig angehen. Spazieren Sie durch den Park und lassen Sie sich an der Quelle der Borbecke nieder. Denn Stress ist das Letzte, was Sie an diesem Ort haben sollten. Nicht hier, im Borbecker Schlosspark.

Adresse Schlossstraße 101, 45355 Essen, Tel. 0201/884 42 19, www.schloss-borbeck.essen.de | **Öffnungszeiten** Dauerausstellung Di–So 14–18 Uhr, Führungen nach Absprache.

31 __ Zeche Zollverein in Essen

Der Popstar unter den Zechen und inzwischen ganz offiziell Welt-erbestätte: Die Essener Zeche Zollverein hat eine unwahrscheinliche Karriere gemacht. Ab Mitte des 19. Jahrhunderts wurde hier Kohle gefördert, zeitweise war sie das ertragreichste Bergwerk der Welt. Bis zu dreieinhalb Millionen Tonnen Kohle wurden hier pro Jahr ans Tageslicht gebracht, und die Bauhaus-inspirierte Architektur einiger Gebäude verhalf ihr zum Beinamen »schönste Zeche der Welt«. Doch alles Schöne ist einmal vorbei: Mit dem 23. Dezember 1986 endete die Förderung am Standort Zollverein.

Glücklicherweise wussten die Essener, was sie an ihrer Zeche hatten. Statt die Gebäude abzureißen oder verfallen zu lassen, wurden sie unter Denkmalschutz gestellt und saniert.

Seitdem ist hier eine einzigartige Kulturlandschaft der anderen Art entstanden: Raum für Kunstausstellungen, Platz für Veranstaltungen vom privaten Geburtstag bis zum Rockkonzert, Restaurants, Cafés, Künstlerateliers, Museen und sogar ein Schwimmbad. Es fällt schwer, das Angebot der Zeche Zollverein in Worte zu fassen, denn es gibt kaum etwas, das sie nicht bietet. Einige Hallen wurden bewusst im Originalzustand belassen, damit man sich heute noch einen Eindruck davon verschaffen kann, wie es hier aussah, als die gigantischen Maschinen der Zeche in Betrieb waren.

Als Besucher sollten Sie unbedingt festes Schuhwerk anziehen: Sie sind hier auf Industriegelände. Das gilt ganz besonders, wenn Sie an einer der zahlreichen Führungen teilnehmen wollen, die für Erwachsene und Kinder und zu jedem erdenklichen Thema, das mit der Zeche in Zusammenhang steht, angeboten werden: von den historischen Hintergründen der Kohleförderung über die architektonischen Sehenswürdigkeiten des Geländes bis hin zur Erläuterung der Umgestaltungsmaßnahmen nach der Schließung. Wegen des großen Interesses ist es auf jeden Fall zu empfehlen, Ihren Platz bei einer Führung im Voraus zu reservieren. Und sobald das erledigt ist, kommen Sie vorbei: in die wohl erstaunlichste Zeche der Welt.

Adresse Gelsenkirchener Straße 181, 45309 Essen, www.zollverein.de | **Anmeldung zu Führungen** 0201/24 68 10, besucherzentrum@zollverein.de.

32 Rungenberghalde Gelsenkirchen

Zwei Pyramiden mitten im Revier, nachts werfen sich kreuzende Scheinwerfer Lichtkegel gen Himmel: Sind die Aliens am Ende doch gelandet? Nein, das Einzige, was hier über lange Jahre hin gelandet ist, ist Abraum aus der nahe gelegenen Zeche Hugo.

Nach deren Schließung um die Jahrtausendwende wurden die 70 Meter hohen künstlichen Hügel zu Kunst-Hügeln. Die Spitzen bekamen ihre charakteristische Pyramidenform, und auf den Gipfelpunkten leuchtet die oben erwähnte Lichtinstallation »Nachtzeichen«. Im Tal zwischen den beiden Pyramiden entstand das »Schienenplateau«: eine weitere Kunstinstallation aus alten Eisenbahnschienen.

Doch natürlich ist die Halde weit mehr als nur die zwei Pyramiden. Längst wurde sie von den Gelsenkirchenern zum Naherholungsgebiet erkoren und ist an schönen Wochenenden ein beliebtes Ausflugsziel. An ihren grünen Hängen wächst stellenweise Wald; Wanderwege laden zu Aktivitäten, Feuchtbiotope zum Verweilen ein – man kann hier sogar Lamas begegnen!

Nördlich der Halde liegt die ab 1897 erbaute Siedlung »Schüngelberg«, die vor allem für architektonisch Interessierte einen Rundgang wert ist. Denn hier treffen Bergmannshäuser des frühen 20. Jahrhunderts auf eine gelungene Erweiterung aus den 1980er Jahren.

Wer allerdings von hier aus die Halde erklimmen will, sollte gut zu Fuß sein: 300 Treppenstufen führen hinauf. An anderen Seiten der Halde ist der Aufstieg weniger steil.

Für Radfahrer bietet sich auch ein sehr schöner Radweg an, der rund um die Halde führt – und ganz nahe vorbei an einem der letzten Zeugnisse der alten Zeche Hugo, dem Bahnwärterhäuschen der Zechenbahn, das nur noch aus einem Grunde steht: Als die Abrissbagger anrückten, weigerte sich sein Schrankenwärter, es zu verlassen. Heute wird das Haus vom Regionalverband Ruhr verwaltet. Drinnen sind Erinnerungsstücke an die große Zeit der Zeche Hugo ausgestellt.

Adresse Zum Rungenberg, 45897 Gelsenkirchen.

33__ Kloster Graefenthal in Goch

Säkularisierte Klosteranlagen sind im Rheinland ja nicht gerade eine Seltenheit: Napoleons Truppen haben in dieser Hinsicht vielerorts ihre Spuren hinterlassen. Dennoch ist das Kloster Graefenthal, das heute auch Gut Graefenthal genannt wird, etwas Besonderes. Denn kaum ein anderes ehemaliges Kloster dürfte nach dem Ende des geistlichen Lebens mit einem so vielfältigen Angebot glänzen.

Da gibt es natürlich für den Gelegenheitsbesucher das klassische Sightseeing. Die Gemäuer, größtenteils im 15. Jahrhundert errichtet, beherbergten einst eines der reichsten Zisterzienserinnenklöster der Gegend. Die Nonnen lebten in freiwilliger Armut, mussten ein Schweigegelübde ablegen und durften das Klostergelände nicht verlassen. Wären sie doch auf diese Idee gekommen, hätten sie einen ganz schönen Marsch vor sich gehabt: In den Ordensregeln war festgelegt, dass zwischen dem Kloster und dem nächsten Dorf eine Stunde Fußweg liegen musste. Bis auf die alte Kirche steht der Großteil der Anlage noch, und die Spuren des Verfalls, die an vielen Stellen deutlich zu sehen sind, geben dem Ensemble einen ganz eigenen Charme.

Doch das Kloster hat nicht nur eine bewegte Vergangenheit, es hat auch eine Zukunft: Im Jahr 2004 hat ein Investor hier eine Deutsch-Niederländische Begegnungsstätte eingerichtet. Jeden Sommer werden Veranstaltungen organisiert, in denen vor allem Jugendlichen die Kultur ihrer Nachbarn nahegebracht wird. Daneben werden unter dem Namen »Euregionale Bildungs- und Kulturakademie Graefenthal« viele weitere Bildungsveranstaltungen angeboten. Außerdem ist das Kloster beliebter Veranstaltungsort für Theater- und Konzertaufführungen, ein Künstler hat hier sein Atelier, und ein Hotel bietet Übernachtungen vom Einzelzimmer bis zum Hochzeits-Komplettpaket.

Zweihundert Jahre nachdem Napoleon hier die Nonnen vertrieb, ist also eines sicher: Das Kloster Graefenthal lebt – und ist einen Besuch wert.

Adresse Maasstraße 48–50, 47574 Goch | **Informationen zu Führungen** Tel. 02823/
320-148, www.klostergraefenthal.com.

34_ Flughafen Münster/ Osnabrück in Greven

Einer der beiden Flughäfen in unserer Orte-Sammlung. Während allerdings der Ultraleicht-Flughafen Weilerswist mit Fug und Recht von sich behaupten kann, kein »normaler« Flughafen zu sein, greift dieses Argument für Münster/Osnabrück nicht. Denn der ist ein ganz typischer Flughafen: betonierte Landebahnen, großes Terminal und laute Düsenjets. Und das soll ein Lieblingsort sein?

Auf jeden Fall! Denn er bietet etwas, das man hier in der Landschaft am Rande Westfalens nicht erwartet: einen Hauch von großer, weiter Welt. Passagiere aus ganz Europa und Nordafrika kommen hier zusammen. Und dabei hat Münster/Osnabrück seinen großen Vettern in Frankfurt oder Düsseldorf eines voraus: Wer von hier abhebt, der hat keine langen Wartezeiten. Wenn auch die beiden namensgebenden Städte relativ nah sein mögen, der Rest des Einzugsgebiets ist vergleichsweise dünn besiedelt. So sind endlose Warteschlangen, wie man sie von den größeren Flughäfen der Region gewohnt ist, hier nahezu unbekannt.

Tatsächlich sind die Passagierzahlen in den letzten Jahren sogar leicht zurückgegangen, was sich allerdings in naher Zukunft durch den frisch fertiggestellten Autobahnanschluss an die A1 ändern dürfte.

Bekanntermaßen sind Flughäfen in der Regel keine beliebten Nachbarn – auch Münster/Osnabrück hatte, wie alle Flughäfen, schon diverse Auseinandersetzungen mit Naturschützern und Fluglärmgegnern. Um für ein besseres Miteinander zu sorgen, engagiert die Betreibergesellschaft sich daher nicht nur in den Bereichen Umweltschutz und erneuerbare Energien, sie bietet Interessierten auch Führungen an, bei denen man einen Blick hinter die Kulissen eines internationalen Flughafens werfen und sich von der Faszination des Fliegens anstecken lassen kann. Und spätestens dann sieht man den Flughafen mit ganz anderen Augen: nicht mehr als Betonwüste, sondern als Tor zur Welt. Eben als einen Lieblingsort.

Adresse Hüttruper Heide 71–81, 48268 Greven, www.flughafen-fmo.de | **Regelmäßige Führungen** www.greven-tourismus.de; Buchung von Gruppenführungen: Tel. 02571/ 94 15 15.

35__ Hohenhof in Hagen

Ist Ihnen der Name Karl Ernst Osthaus ein Begriff? Wenn Sie jetzt mit »Ja« geantwortet haben, haben Sie entweder gelogen oder sind ungewöhnlich gut informiert. Osthaus' Name ist heute längst nicht so bekannt wie der seines Konzepts, der »Folkwang-Gedanke«, in dessen Rahmen diverse kulturelle Einrichtungen vor allem in und um Essen gegründet wurden. In eine reiche Familie hineingeboren, widmete Osthaus sein Leben der Förderung von Künstlern und dem Versuch, Kunst und »normales« Leben zu versöhnen.

Doch auch Kunstmäzene müssen irgendwo wohnen – und Osthaus entschloss sich, in einem Jugendstil-Gesamtkunstwerk zu leben. Das Haus wurde von Architekt Henry van der Velde buchstäblich um die Kunst im Inneren herum entworfen. Einige der Kunstwerke existierten schon, andere, wie etwa ein Fliesen-Triptychon von Henri Matisse, wurden speziell für diesen Ort angefertigt. Der Perfektionismus ging bis ins Detail: Selbst Teeservice und Kleider der Hausherrin wurden passend zum Gesamtkonzept entworfen.

Ein solches Bauwerk konnte nicht ohne Folgen bleiben. Kunsthistoriker ordnen es als Ausgangspunkt des sogenannten Hagener Impulses ein. Geplant waren freilich viel konkretere Folgen: Osthaus schwebte eine ganze Gartenstadt individuell entworfener Villen vor.

Erster Weltkrieg, Wirtschaftskrise und Osthaus' Tod im Jahr 1921 hatten Anteil daran, dass diese Vision nicht verwirklicht wurde. Für das Haus kam es noch schlimmer: Nach dem Zweiten Weltkrieg diente es als Lazarett, später als Frauenklinik und pädagogische Hochschule, bevor es jahrelang komplett leer stand.

Inzwischen wurde die Villa vom Osthaus Museum wieder als Jugendstilvilla eingerichtet. Authentische Möbel lassen die Zeit lebendig werden, als sich Karl Ernst Osthaus hier mit den wichtigsten Künstlern jener Epoche traf. Und spätestens nach dem Besuch des Hohenhofs können auch Sie dann mit vollem Recht sagen, dass Sie wissen, wer Karl Ernst Osthaus war.

Adresse Stirnband 10, 58093 Hagen-Eppenhausen, Tel. 02331/207 31 38, www.osthausmuseum.de | **Öffnungszeiten** Sa und So 11–18 Uhr, am 24., 25., 31. Dez. und 1. Jan. geschlossen.

36 __ Burg Blankenstein in Hattingen

»Blanken-« als Namensbestandteil ist im WDR-Sendegebiet nicht sonderlich selten: Neben Burg Blankenstein gibt es noch Blankenheim in der Eifel und die anderswo in diesem Buch besprochene Stadt Blankenberg. Trotz dieser Verwechslungsgefahr ist die Burg Blankenstein im Hattinger Stadtteil gleichen Namens aber etwas Besonderes – schon ihrer bewegten Geschichte wegen.

Allein der Grund für ihre Errichtung ist Stoff für einen historischen Krimi: Graf Friedrich von Isenberg organisierte im Jahr 1225 einen Überfall auf seinen entfernten Verwandten, den Kölner Erzbischof Engelbert von Berg, bei dem dieser getötet wurde. Hintergrund waren Familien- und Landstreitigkeiten, das Resultat waren Friedrichs Hinrichtung und eine Aufteilung seiner Besitztümer. Ein Teil ging an den Grafen Adolf von der Mark, der zur Sicherung dieser Lande schon im Jahr 1226 eine Burg auf einem nackten Felsgipfel (»blanckem Stein«) in Auftrag gab: Burg Blankenstein.

Die Festung überdauerte mehrere Jahrhunderte, wurde aber regelmäßig eingenommen, was ihr zum Ende des Dreißigjährigen Krieges so zugesetzt hatte, dass sie jeden militärischen Wert verloren hatte.

Ab dem späten 18. Jahrhundert wurde die Ruine zum Experimentierfeld historisierender Architektur. Davon ist heute jedoch nicht mehr viel zu sehen: Der Großteil dieser Anbauten wurde Mitte des 20. Jahrhunderts abgerissen. Zur selben Zeit setzte man auch die noch vorhandenen mittelalterlichen Gebäude instand, insbesondere wurden die Schäden am Bergfried repariert, die die Zwischennutzung als Flakstellung im Zweiten Weltkrieg verursacht hatte.

Und heute? Heute wird nicht mehr gebaut, gemordet oder gekämpft, heute wird gegessen. In der Ruine befindet sich ein Restaurant. Wenn man dort sitzt oder die Aussicht vom Turm aus genießt, kann man seine Gedanken zurückwandern lassen in jene Zeit, als Grafen hier ihre Heere aufeinander losließen.

Adresse Burgstraße, 45527 Hattingen-Blankenstein (Welper), Tel. 02324/332 31, www.burgblankenstein.de | Besichtigung täglich möglich.

37__»MARTa« in Herford

New York, Bilbao, Düsseldorf und Herford – was haben diese Städte gemeinsam? Richtig, sie haben alle ein »O« im Namen. Aber sie haben alle noch etwas anderes mit »O«: Jede dieser Städte hat ein Gebäude des weltberühmten Architekten Frank O. Gehry, was wiederum Besucher zu einem beeindruckten »Oh« verleitet.

Im Falle von Herford ist dies das MARTa. Hinter dieser ungewöhnlichen Ansammlung von Groß- und Kleinbuchstaben verbirgt sich ein Museum für »Möbel«, »art« (englisch für »Kunst«) und »Ausstattung«. Warum »art« auf Englisch ist? Wahrscheinlich weil »MKUNSTa« ziemlich dämlich geklungen hätte.

Gar nicht dämlich ist hingegen das Museum, sowohl von außen als auch von innen. Der spektakuläre Bau aus Backstein und Titanblech ist im Grunde genommen das größte Kunstwerk der Ausstellung. Wie eine riesige Skulptur lehnen sich die fast fensterlosen konvexen und konkaven Elemente aneinander.

Doch sollten Sie vor lauter Begeisterung über diesen Anblick nicht vergessen, das Museum auch zu betreten. Denn im Innern des Gebäudes, das ebenso verspielt-geschwungen gestaltet ist wie das Äußere, erwarten Sie viele Werke zeitgenössischer Künstler, die im Spannungsfeld von Architektur, bildender Kunst und Design arbeiten – ganz nach dem Konzept des international bekannten Ausstellungsmachers Jan Hoet, der das Museum gründete und bis Ende des Jahres 2008 leitete. Obwohl der Bau erst 2005 eröffnet wurde, hat das Museum durch ungewöhnliche Ausstellungen bereits weit über die Landesgrenzen hinaus Bedeutung erlangt. Diese Ausstellungen nehmen denn auch regelmäßig den Platz der regulären Sammlung ein, sodass Sie alle paar Monate ein vollkommen neues Museum zu sehen bekommen.

Ein Besuch bei »MARTa« lohnt sich also regelmäßig – und ist sicher leichter zu finanzieren als eine Reise nach New York oder Bilbao.

Adresse Goebenstraße 4–10, 32052 Herford, Tel. 05221/994 43 00, www.marta-herford.info | **Öffnungszeiten** Di–So und feiertags 11–18 Uhr, Mo geschlossen.

38__Halde Hoheward in Herten

Zwischen Recklinghausen und Herten ragt eine merkwürdige Konstruktion gen Himmel. Eine Kultstätte von UFO-Anbetern? Oder das Hauptquartier eines Superschurken, der nach Weltherrschaft strebt? Weder noch – es ist das Horizontobservatorium auf der Halde Hoheward, einem ehemaligen Schutthaufen, der eine erfolgreiche Wandlung zum Ausflugsziel durchgemacht hat.

152 Meter türmt sich das Erdreich auf, das drei benachbarte Zechen ans Tageslicht befördert haben. Und auch wenn an der Westseite noch bis ins Jahr 2012 weiter Abraum aufgeschüttet werden soll, an der Höhe wird sich nichts mehr ändern. Die reicht auch so schon aus, denn bei gutem Wetter lässt sich von hier aus sogar der etwa 50 Kilometer entfernte Rheinturm in Düsseldorf sehen.

Doch die riesigen Bögen des Horizontobservatoriums lenken den Blick zu Objekten in viel größeren Entfernungen: bis zur Sonne, um genau zu sein. Wie in einer modernen Version der Steinkreise von Stonehenge lassen sich hier mit Hilfe der Stahlhalbkreise und eines Obelisken sowohl Tages- als auch Jahreszeit ablesen. Praktisch mag das nicht sein, beeindruckend ist es auf jeden Fall. Die Halde Hoheward, erreichbar unter anderem über die imposante stählerne Drachenbrücke, die ihrem Namen mehr als gerecht wird, ist in gewisser Weise so etwas wie die Verbindung des Ruhrgebiets mit dem Himmel geworden – und ein Wahrzeichen der Region.

Doch wie das so ist mit Verbindungen zum Himmel: Perfekt sind sie meistens nicht. Das gilt auch für den Hohewarder Sonnenkalender. Das erst im Oktober 2008 eröffnete Observatorium hat einen Riss in der Stahlkonstruktion, der Mittelkreis ist schon seit Monaten für Besucher gesperrt. Ein genauer Reparaturtermin steht noch nicht fest. Doch Hektik ist hier nicht vonnöten. Stonehenge steht auch schon seit Jahrtausenden, da kommt es bei der Halde Hoheward auf ein Jahr mehr oder weniger nicht an.

Adresse Im Emscherbruch, 45699 Herten-Süd, www.hoheward-der-landschaftspark.de.

39 Halde Merkstein in Herzogenrath

»Industriedenkmal« und »Kohlerevier« – mit diesen Worten verbindet man gemeinhin stillgelegte Fördertürme und leer stehende Produktionshallen. Im Norden des Herzogenrather Ortsteils Merkstein findet sich allerdings ein Industriedenkmal ganz anderer Art: der Grube-Adolf-Park.

Der Park, der auf dem Gelände eines ehemaligen, 1972 geschlossenen Steinkohlebergwerks entstand, ist Zeuge einer längst vergangenen Zeit. Nicht nur weil 1889, als mit dem Bau der Zeche begonnen wurde, der Name »Adolf« noch unbelastet war (in diesem Fall war der damals amtierende Bergbauvereins-Vorsitzende der Namensgeber). Sondern auch weil am Fuße der imposanten Abraumhalde noch das alte Fördermaschinenhaus steht, in dem der Verein Bergbaudenkmal Adolf die alte Dampfmaschine, die über Jahrzehnte die Fördervorrichtung antrieb, liebevoll restauriert und wieder funktionstüchtig gemacht hat. Das Ergebnis der Mühe lässt sich jeden ersten Sonntag im Monat im Maschinenhaus bestaunen: Dann wird nämlich die alte Maschine, die Förderkörbe aus bis zu 400 Metern Tiefe ans Licht zog, wieder in Gang gesetzt. Auf Anfrage werden Führungen und Vorträge zum Thema Steinkohle angeboten.

Rund um die Uhr und jeden Tag im Jahr geöffnet ist die Halde selbst. Ein Wanderweg gibt Gelegenheit, die Natur zu erkunden, die hier in Eigenregie die Halde erobert hat. Extra angelegte Holzstege führen den Wanderer über Feuchtbiotope hinweg, die sich im Laufe der Jahre gebildet haben. Wer die letzten steilen Meter gemeistert hat, wird für die Anstrengung mit einem atemberaubenden Ausblick über die Region belohnt. An klaren Tagen reicht der Blick bis zur Eifel und weit hinter die niederländische Grenze; und das Licht des Sonnenuntergangs vergoldet all die anderen alten Abraumhalden des Aachener Reviers, die längst zu bewaldeten Naturreservaten geworden sind – Industriedenkmäler der anderen Art.

Adresse Hans-Landrock-Straße, 52134 Herzogenrath-Merkstein, Tel. 02406/99 90 35, www.bergbaudenkmal-adolf.de | Führungen und Vorträge auf Anfrage; jeden Sonntag 10–13 Uhr Frühschoppen, ab 14 Uhr Kaffee und Kuchen, jeden ersten Sonntag im Monat um 15 Uhr Dampfmaschinenvorführung.

40__Koptisches Kloster in Höxter-Brenkhausen

Hand aufs Herz: Wissen Sie genau, was koptische Christen sind? Das Christentum in Deutschland wird so stark von Katholiken und Protestanten dominiert, dass die restlichen christlichen Glaubensgemeinschaften daneben kaum wahrgenommen werden. Und tatsächlich kann die koptisch-orthodoxe Kirche hierzulande nicht mit den großen Kirchen mithalten. Gerade einmal rund dreitausend Gläubige hat sie in Deutschland. Dafür gilt sie aber als die älteste christliche Kirche, entstand sie doch im 1. Jahrhundert in Ägypten in Erinnerung an die Flucht von Josef, Maria und Jesus vor den Häschern des Herodes.

Primas der koptischen Gemeinde in Deutschland ist Bischof (beziehungsweise Anba, wie sein ägyptischer Titel lautet) Damian. Er kaufte auch 1993 den zerfallenen Barockbau des ehemaligen Benediktinerinnenklosters Höxter für eine symbolische Mark vom Land NRW, in dessen Besitz die Gebäude nach einer wechselvollen Geschichte gelangt waren. Seitdem wurde das Kloster renoviert und umgebaut zu einer Begegnungsstätte für alle Religionen.

Anba Damian ist in mancherlei Hinsicht ein Bischof zum Anfassen – so hat er selbst viele Ziegelsteine aus Lehm und Stroh für die Fachwerkmauern geformt. Er begeistert auch die Menschen des Ortes und die zahlreichen Besucher für seine Pläne in Brenkhausen.

Der Klosterumbau wird von deren Spenden und durch viele Aktionen des Klosters selbst finanziert. Ganz anders als in einem katholischen Kloster geben sich hier die Besucher die Klinke in die Hand – sie kommen zu Ausstellungen und Seminaren, um ägyptische Produkte im Klosterladen zu kaufen, oder einfach »nur so«, um den Mönchen einen Besuch abzustatten.

Ach ja: Was genau sind koptische Christen denn nun? Das fragen Sie sie am besten selbst, wenn Sie das Kloster einmal besuchen.

Adresse Propsteigasse 1 a, 37671 Höxter-Brenkhausen, Tel. 05271/189 05,
www.koptisches-kloster-hoexter.de.

41 Die Bevertalsperre in Hückeswagen

Die Arme der Bevertalsperre sind ein Paradies für Wassersportler. Kreuzende weiße Segel vor der markanten Staumauer machen das Naherholungsziel im Sommer zum Postkartenidyll.

Die ursprüngliche Staumauer wurde 1898 fertiggestellt und war damals die erste Nutzwasser-Talsperre des Wuppergebietes. Immer wieder hatten bis dahin Hochwasser erhebliche Schäden in den Orten an der Wupper angerichtet. Zwischen 1935 und 1938 wurde der See erweitert, indem der alte Damm abgetragen und flussabwärts eine neue Staumauer errichtet wurde: die Talsperre, die wir heute sehen.

Inzwischen ist die Bevertalsperre für die Menschen zwischen Wuppertal und Gummersbach eine beliebte Anlaufstelle für Sport und Freizeit. Mehrere Segelvereine haben sich rund um die 200 Hektar Wasserfläche angesiedelt. Aber auch immer mehr Camper säumen auf inzwischen schon vier Plätzen die Ufer des künstlichen Sees.

Nur eines geht nicht auf der Bevertalsperre: Motorbootfahren. Mit Ausnahme der Retter der DLRG sind die Wassersportfreunde aus dem Bergischen auf den Wind oder die eigene Muskelkraft angewiesen. Das wiederum freut natürlich neben den Tretbootfahrern auch die zahllosen Angler, Taucher und Schwimmer, die den See im Sommer für sich nutzen können, ohne Angst vor rasenden Schnellbooten haben zu müssen.

Eines der beliebtesten Ziele für fortgeschrittene Taucher sind übrigens die Reste der alten Sperrmauer in bis zu 29 Metern Tiefe: Große Ventile und sogar ein altes, fest installiertes Telefon erinnern im kalten, dunklen Wasser an den ersten Bauabschnitt der Bevertalsperre.

Falls Sie doch lieber an der Oberfläche bleiben wollen: Das Schwimmen ist an besonders ausgewiesenen Badestränden erlaubt. Sollten Sie dann nach dem Schwimmen Hunger verspüren, können Sie diesen auf der Terrasse eines Restaurants an der Talsperre stillen – mit direktem Blick auf das erwähnte Postkartenidyll.

Adresse Parkmöglichkeit zum Beispiel Wefelsen, 42499 Hückeswagen,
www.wupperverband.de/aufgaben/talsperren/bever-talsperre/dirbever-talsperre.html.

42 Franziskanerkloster in Hürtgenwald-Vossenack

Wenn man das Wort »Kloster« nennt, werden viele Menschen gemeinhin bestimmte Begriffe damit assoziieren: zum Beispiel »Ruhe«, »Einkehr« oder »Besinnlichkeit.« Eher selten genannt werden dürften »Marionettentheater«, »Künstleratelier« und »Joseph Beuys« – doch diese sind mit dem Franziskanerkloster in Hürtgenwald-Vossenack mindestens ebenso eng verbunden wie die anfangs erwähnten.

Die derzeit zehn Ordensbrüder wirken einerseits im dem Kloster angeschlossenen Gymnasium, haben aber auch ganz eigene Interessen: Pater Laurentius, mit bürgerlichem Namen Ulrich Englisch, war einst Meisterschüler von Joseph Beuys und gilt als einer der gefragtesten religiösen Maler und Bildhauer. Im Kloster-Kultur-Keller finden zudem regelmäßig Veranstaltungen statt. Dazu gehört auch das Marionettentheater »De Strippkes Trekker« (»Die Strippenzieher«) unter der Leitung eines Ordensbruders.

Vom Kloster aus lässt sich auf zahlreichen Wanderwegen die Umgebung am Rande des Nationalparks Eifel erkunden. Sportliche kommen seit Mitte 2010 im Nachbarort Raffelsbrand auf ihre Kosten: auf dem Höhenerlebnispfad. Der Kletterparcours soll neben dem Erlebnis auch Wissen über den Wald vermitteln. Die Kletterer erhalten am Boden und in der Höhe Informationen zu ihrer Umgebung, ebenso wie die Besucher auf dem benachbarten Bodenerlebnispfad.

Für geschichtlich Interessierte gibt es den »Historisch-literarischen Wanderweg – Hürtgenwald 1938–1947«. Auf sechs Rundwegen wird dem Besucher Hürtgenwalds Vergangenheit vom Bau des Westwalls bis zur verlustreichen Schlacht im Hürtgenwald im Winter 1944/45 nahegebracht. Am ersten Sonntag im Monat laden die Ordensbrüder zum sogenannten Klostersonntag ein. Nach einer besonders gestalteten Messe um elf Uhr können Besucher bleiben – zu einem Teller Suppe und um sich mit ihnen zu unterhalten. Über den Hürtgenwald ebenso wie über Gott, Marionetten und Joseph Beuys.

Adresse Franziskusweg 1, 52393 Hürtgenwald, Tel. 02429/308-0, www.franziskaner-vossenack.de | **Nationalpark-Infopunkt Zerkall** Auel 1, 52393 Hürtgenwald-Zerkall, Tel. 02427/90 90 26, www.infopunkt-zerkall.de | **Multimedia-Historyguide** www.mm-historyguide.de.

43__Burg Kendenich in Hürth

Kendenich – kennen Sie nicht? Sollten Sie aber! Kendenich ist ein Ortsteil von Hürth bei Köln, dessen Wahrzeichen ein Wasserschloss aus dem 17. Jahrhundert ist, die Burg Kendenich. Und eben um diese geht es uns.

Aber Achtung, bevor Sie weiterlesen, es könnte sein, dass Sie gleich ganz schön neidisch werden. In der Bug Kendenich kann nämlich jeder Normalbürger Burgherr sein; zumindest wenn er das Glück hatte, eine der begehrten Mietwohnungen im Herrenhaus oder in der Vorburg zu ergattern. Jawohl, diese Burg hat mehr als einen Herrn.

Wie es dazu kam? Ganz einfach: Nach jahrelangem Leerstand und Verfall fand sich in den späten 1970er Jahren endlich ein Investor, der den Gebäudekomplex zum Nulltarif übernahm und massive Sanierungsarbeiten vornehmen ließ. Seit Sommer 1983 war es dann möglich, sich auf der Burg einzumieten.

Wer nicht zu der Handvoll glücklicher Burgbewohner gehört, sollte sich vom Neid dennoch einen Ausflug nach Kendenich nicht verleiden lassen. Nahe der Burg hat man einen wunderbaren Blick über das Panorama der Stadt Köln.

Vom Colonius bis zu den Kranhäusern liegt sie ausgebreitet da, und die weitläufigen Feldwege südwestlich von Hürth laden zu ausgedehnten Radtouren ein. In diesem Zusammenhang ein Tipp an Radfahrer aus Köln: Wer am Stadtwald in Höhe der Kreuzung Aachener Straße/Gürtel startet, fährt den ganzen Weg vom Kölner Gürtel bis nach Hürth hinaus nur durch den Wald und die Parkanlagen des Grüngürtels. Erst kurz vor Hürth lässt sich das Wohngebiet nicht mehr umgehen.

Egal also, ob Sie von anderswo einen Ausflug in die Region Köln planen oder ob Sie Kölner sind, aber bisher die nahe liegenden Ziele immer ignoriert haben, weil man da ja immer hinkann: Ein Abstecher raus nach Kendenich lohnt sich.

Adresse Nußallee, 50354 Hürth-Kendenich.

44__ Tagebaulandschaft Inden

Wer im Rheinland lebt, wird früher oder später mit ihm konfrontiert: mit dem Braunkohletagebau. Kein Wunder: Schließlich ist das rheinische Braunkohlerevier mit einem Vorrat von 55 Milliarden Tonnen die größte Braunkohlelagerstätte Europas. Ganze Dörfer und Autobahnen mussten den Förderbaggern schon weichen, Befürworter und Gegner der Grabungen liefern sich immer wieder heftige Diskussionen über Sinn und Unsinn der gewaltigen Grubenanlagen.

Doch neben Kontroversen hat der Tagebau auch für einzigartige Orte in NRW gesorgt. Viele Naturfreunde zieht es zum Beispiel in die Landschaft entlang der renaturierten Inde nordöstlich von Aachen. Auf einer Länge von zwölf Kilometern wurde eine artenreiche Auenlandschaft geschaffen; zahlreiche Rad- und Wanderwege wurden angelegt. Die Firma RWE Power, die sowohl für das Wegbaggern als auch für die Wiederherrichtung der Landschaft verantwortlich war, bietet regelmäßig zwischen April und Oktober geführte Touren von mindestens vier Stunden Dauer durch die neue Indeaue zwischen Lamersdorf und Kirchberg an. Sie sind kostenfrei und richten sich an Einzelpersonen und kleine Gruppen. Auch Kinder ab sechs Jahren sind herzlich willkommen. Hunde können leider nicht mitgenommen werden. Weil die Teilnehmerzahl begrenzt ist, ist eine telefonische Anmeldung notwendig. Für Technikinteressierte werden auch regelmäßig Betriebsbesichtigungen des Tagebaus Inden und des Braunkohlekraftwerks Weisweiler angeboten.

Ein Stück weiter östlich liegt der Tagebau Hambach. Dort bietet sich ein Besuch in Titz-Höllen an, wo der Landschaftsverband Rheinland eine Ausstellung zum Thema Bodendenkmäler im Braunkohlerevier unterhält. Im Garten eines alten Gutshofs wurde anhand von Bodenfunden eine eisenzeitliche Hofanlage nachgebaut, um Besuchern das Leben in der damaligen Zeit näherzubringen. Mitarbeiter bieten museumspädagogische Führungen an. Jedes Jahr am Tag der offenen Tür bietet die Außenstelle außerdem Fahrten zu archäologischen Grabungsstätten im Tagebaugebiet an.

Adresse Landschaftsverband Rheinland, LVR-Amt für Bodendenkmalpflege im Rheinland, Außenstelle Titz, Ehrenstraße 14, 52445 Titz-Höllen, Tel. 02463/991 70, www.bodendenkmalpflege.lvr.de/titz/ | **RWE Power Informationszentrum Schloss Paffendorf** Burggasse, 50126 Bergheim, Tel. 02271/751 254 78, www.schloss-paffendorf.de | **RWE Power Informationszentrum Am Kraftwerk** 52249 Eschweiler-Weisweiler, Tel. 0800/ 883-38 30, www.informationszentrum-weisweiler.de; Öffnungszeiten: Jeden ersten Sonntag im Monat 10–17 Uhr.

45__Das Museumsdorf Barendorf in Iserlohn

Der korrekte Name des Museumsdorfs Barendorf lautet »Historische Fabrikenanlage Maste-Barendorf«. Und nach diesem Satz haben Sie mit Sicherheit ein vollkommen falsches Bild im Kopf. Denn diese Anlage widerspricht allem, was man über Museumsdörfer und Fabrikanlagen zu wissen glaubte: Auch wenn das Ganze »Fabrikenanlage« heißt, hat es nichts mit den ehemaligen Industriestandorten im Ruhrgebiet gemein. Damit kommen wir zur zweiten Fehlannahme: Es wird »Museumsdorf« genannt, aber Häuser wurden nicht anderswo abgebaut und hier wieder aufgestellt, sondern stehen noch immer genau dort, wo sie ursprünglich errichtet wurden. Und zu guter Letzt das Überraschendste: Sie sind auch noch bewohnt! Das Museumsdorf lebt.

Wie kam es zu dieser bemerkenswerten Anlage? Die Gebäude wurden im Laufe des frühen 19. Jahrhunderts nach und nach errichtet. Zuerst ein wasserbetriebenes Messingwalzwerk, danach Gießereien, Schmieden und vieles mehr. Mit der Zeit wuchs ein Fachwerk-Ensemble heran, das mehr einem Dorf als einem Industriebetrieb ähnelte.

Dementsprechend beschloss die Stadt Iserlohn in den 1980er Jahren auch, das inzwischen leer stehende Gelände in ein Museums- und Künstlerdorf zu verwandeln. In den zehn Häusern befinden sich heute unter anderem ein Nadelmuseum und eine Gelbgießerei, dazwischen verschiedene Künstlerateliers, in denen man den Pächtern bei der Arbeit zuschauen kann. Aber aufgepasst: Nicht alles im Dorf ist Museum. Falls Sie nach dem Öffnen einer Tür plötzlich in einem Raum mit Kaffee und Kuchen auf dem Tisch stehen, sind Sie wahrscheinlich im Wohnzimmer eines der Künstler gelandet. Oder natürlich im Café Barendorf, das die Besucher täglich mit einer großen Auswahl deftiger Gerichte versorgt.

Also machen Sie doch auf Ihrem nächsten Ausflug mal einen Abstecher in eine alte Fabrik – und fragen Sie sich, wieso Sie nicht längst schon einmal dort gewesen sind.

Adresse Baarstraße 220–226, 58636 Iserlohn, Tel. 02371/217 19 60, www.iserlohn.de |
Öffnungszeiten Nadelmuseum Do 14–18 Uhr, Fr 14–16 Uhr, Sa und So 11–16 Uhr |
Veranstaltungen in der Gelbgießerei auf Anfrage | **Café Barendorf** 02371/466 28,
www.cafe-barendorf.de.

46_ Wildpark Anholter Schweiz in Isselburg

Preisfrage: Was würden Sie tun, wenn Sie zu viel Geld hätten und es Ihnen am Vierwaldstätter See gut gefiele? Ein Chalet dort kaufen? Hübsche Möglichkeit, aber Sie hätten ja schon ein Schloss im Westen des Münsterlands, und man kann ja nur an einem Ort zugleich sein.

Vor genau diesem Dilemma stand Ende des 19. Jahrhunderts Fürst Leopold zu Salm-Salm nach seiner anscheinend sehr schönen Hochzeitsreise an den Vierwaldstätter See, und es ist nachvollziehbar, dass solche Probleme ihn unglaublich beschäftigt haben müssen. Genug zumindest, um sich die Lösung einiges kosten zu lassen: Er kaufte nämlich tatsächlich zur Erinnerung an die Flitterwochen ein Chalet in der Schweiz. Nur ließ er es nicht dort stehen, sondern ließ es in seinen Garten nach Deutschland schaffen, wo es als vermutlich erstes deutsches Fertighaus wieder errichtet wurde. Da es im Westen Westfalens aber gemeinhin nicht so aussieht wie am Vierwaldstätter See, ließ der Fürst auch noch einen künstlichen See anlegen, komplett mit eigens angelieferten Felsbrocken, die »wie in der Schweiz« am Ufer arrangiert wurden. Das importierte Chalet landete auf einer Insel in der Mitte dieses Sees.

Sosehr man über diesen Exzess den Kopf schütteln mag: Das Ergebnis sieht gut aus. Auch wenn die Nachfahren des Fürsten noch immer auf dem Wasserschloss wohnen, ist der Garten, in dem sich die »Anholter Schweiz« befindet, inzwischen als 56 Hektar großer Wildpark für die Öffentlichkeit zugänglich, die dort Wölfe, Rentiere, Wildschweine, Otter, Luchse und Bären erleben kann. Auch Teile des Wasserschlosses können als Museum besichtigt werden, und in der Vorburg wurde Anfang des 21. Jahrhunderts ein 5-Sterne-Hotel eingerichtet. Und das Schweizer Häuschen? Das ist heute ein idyllisches Café und Restaurant an einem Ort, wie es keinen zweiten im Rheinland gibt, weil er eben auch nicht so aussehen soll wie das Rheinland.

Adresse Anholter Schweiz, Pferdehorster Straße 1, 46419 Isselburg-Vehlingen, Tel. 02874/453 55, www.anholter-schweiz.de | **Öffnungszeiten Wildpark** April bis Okt. tägl. 9–18 Uhr; Nov. bis März Sa und So 10–17 Uhr; Öffnungszeiten Schweizer Häuschen: Di–So 10–18 Uhr, Tel. 02874/20 38, www.schweizer-haeuschen.de | **Museum Wasserburg Anholt** Tel. 02874/ 453 53, www.wasserburg-anholt.de; Öffnungszeiten Okt. bis April So 13–17 Uhr oder nach Vereinbarung; Mai bis Sept. Di–So 11–17 Uhr.

47 — Zitadelle Jülich

Sicher kennen Sie das Problem: Die einen wollen im Urlaub in die Berge, die anderen ans Meer. Für dieses Dilemma bietet die Zitadelle Jülich keine Lösung, aber wenn Ihre Familie sich nicht entscheiden kann, ob sie lieber ein Schloss, eine Festung oder unterirdische Gänge besichtigen möchte, ist sie in Jülich genau richtig. Vor mehr als vierhundert Jahren wurde die Zitadelle gebaut, um die Landesherren in den kriegerischen Zeiten des Spätmittelalters zu schützen – nicht nur vor anrückenden Feinden, sondern durchaus auch vor eventuellen Unruhen in der eigenen Bevölkerung: Die mitten in Jülich gelegene Festung wies vortreffliche Schussmöglichkeiten in die wichtigen Durchgangsstraßen des Ortes auf. Nach recht kurzer Zeit als Residenzschloss wurde die Festung als Kaserne genutzt und entsprechend umgebaut. In der Zeit des Zweiten Weltkriegs dienten die kilometerlangen dunklen Kasemattengänge als Luftschutzbunker, nach dem Krieg als Notquartier für diejenigen, die im Krieg ihre Wohnungen verloren.

Heute müssen hier keine Menschen mehr in den dunklen Gängen übernachten – aber Fledermäuse überwintern jedes Jahr. Deswegen sind die Kasematten von Oktober bis April für Besucher gesperrt, in der restlichen Zeit des Jahres können sie jedoch besichtigt werden. Führungen durch andere Teile der Zitadelle werden dagegen ganzjährig jeden Sonntag angeboten, und das Museum im alten Pulvermagazin ist auch unter der Woche nachmittags für Besucher geöffnet.

Nicht besichtigt werden kann hingegen die Schule, die sich seit 1972 in der alten Kasernenanlage befindet. Obwohl beim Umbau der Ruinen damals wenig Rücksicht auf Denkmalschutz genommen wurde, lässt die Schule zwischen den alten Mauern noch immer ein wenig Jugendbuchromantik à la »Burg Schreckenstein« aufkommen – und dank der restlichen Attraktionen der Zitadelle kann vielleicht auch der Nachwuchs dafür begeistert werden, sich am Wochenende mal in die Nähe einer Schule zu begeben.

Adresse Schlossstraße, 52428 Jülich, Tel. 02461/937 68-0, www.juelich.de/museum |
Öffnungszeiten Museum Mo–Fr 14–17 Uhr, Sa–So unterschiedlich, je nach Jahreszeit;
Besuch für Gruppen nach Vereinbarung auch außerhalb der Öffnungszeiten möglich |
Führungen jeden So 11 Uhr, Gruppenführungen, auch für Schulklassen, und Kinder-
geburtstage nach telefonischer Vereinbarung unter Tel. 02461/97 95 14.

48 __ Kloster Kamp

»Sanssouci des Niederrheins«, das ist der Beiname des Klosters Kamp bei Kamp-Lintforth. Verantwortlich dafür ist der wunderschöne barock anmutende Terrassengarten, der in seiner heutigen Form erst seit 1990 wieder existiert, denn die Original-Anlage war ein Opfer der Säkularisierung geworden.

Pflanzenfreunde aus ganz Deutschland kommen zu jeder Jahreszeit hierher, denn durch seine einzigartige Bepflanzung lohnt es sich zu jedem Zeitpunkt, diesen Garten zu besuchen. Manche behaupten gar, Friedrich der Große habe sich hier die Inspiration für die Gartenanlagen in Sanssouci geholt. Das lässt sich zwar nicht beweisen und ist auch eher unwahrscheinlich, da nichts von einem Besuch des »Alten Fritz« in dieser Gegend bekannt ist, klingt aber gut genug, um unermüdlich weiterverbreitet zu werden.

Doch auch ohne direkte Verbindung zum Preußenkönig wissen Garten und Kloster zu beeindrucken. Schon allein durch das Alter der Anlage: Vor über neunhundert Jahren wurde das erste Kloster auf diesem Grund errichtet. Die heute noch erhaltenen Gebäude stammen jedoch größtenteils aus dem 15. bis 18. Jahrhundert. Besonders sehenswert ist die Abteikirche mit ihrer prachtvollen Orgel, deren Prospekt aus dem 17. Jahrhundert stammt.

Als Kloster dient Kamp seit 2002 nicht mehr. Heute finden hier hauptsächlich kulturelle Veranstaltungen statt, etwa Theateraufführungen, Mittelaltermärkte, Konzerte und vieles mehr. Ein Klosterladen verkauft geistliche Bücher und Gegenstände, das Klostercafé hingegen hat sich auf ungewöhnliche Art dem leiblichen Wohl verschrieben: Am Wochenende besteht das Angebot ausschließlich aus Lebensmittelspenden, und jeder Gast kann selbst bestimmen, wie viel er zahlen möchte.

Permanente Attraktion ist das Ordensmuseum, das seit 1987 in einem der Gebäude untergebracht ist und in dem neben der ständigen Sammlung zur Geschichte des Klosters auch immer wieder wechselnde Kunstausstellungen gezeigt werden.

Adresse Abteiplatz, 47475 Kamp-Lintfort, www.kloster-kamp.de | **Öffnungszeiten
Museum** Di–Sa 14–18, So und feiertags 11–18 Uhr | **Öffnungszeiten Klostercafé:**
Mo–Fr 10–15, Sa 14–17, So 11–17 Uhr | **Öffnungszeiten Klosterladen** Mo–Fr 11–15,
Sa 14–17, So 11–17 Uhr.

49 Historischer Ortskern von Kempen

Sagt Ihnen der Ortsname »Kempen« etwas? Wahrscheinlich nicht. Während die beinahe namensgleiche Stadt Kempten im Allgäu unzähligen Kreuzworträtselfans ein Begriff ist, liegt Kempen ganz unverrätselt am Niederrhein.

Dabei hätte die 36.000-Einwohner-Stadt eine größere Bekanntheit allemal verdient, und das nicht nur, weil hier jedes Jahr am 10. November einer der größten Martinszüge der Welt stattfindet. Kempen ist auch an den restlichen Tagen des Jahres sehenswert. Schließlich wurde die Altstadt seit den 1960er Jahren sehr erfolgreich saniert. Viel früher als andernorts erkannte man hier, dass alte Bausubstanz ein Geschenk ist, das viele Menschen anziehen und erfreuen kann.

Im Zuge der Sanierung wurden die Gassen der Altstadt zu Fußgängerzonen und die ehemaligen Wall- und Grabenanlagen zu einem Park, der sich rund um die Altstadt erstreckt.

Innerhalb der Wallanlagen gibt es viel zu sehen: etwa die Propsteikirche, die neben Kirchenkunst auch noch einen wunderbaren Ausblick von ihrem Turm aus bietet. Apropos Kirchenkunst! Die lässt sich in geballter Form im Museum für Niederrheinische Sakralkunst besichtigen, das in der Kirche eines ehemaligen Franziskanerklosters eingerichtet wurde. Gleich nebenan wird es weltlicher: Im Kramer-Museum führt eine Vielzahl von Möbeln und Alltagsgegenständen die Entwicklung niederrheinischer Wohnkultur vom 16. bis zum beginnenden 20. Jahrhundert vor Augen.

Verbringen Sie aber bitte nicht zu viel Zeit in Museen, sonst kommen Sie am Ende nicht dazu, genügend Fotos von all den alten Bürger- und Fachwerkhäusern zu machen, die in den Gassen rund um den Buttermarkt stehen. Und Fotos sollten Sie machen. Die können Sie nämlich mit nach Hause nehmen, um die Stadt auch anderen Leuten schmackhaft zu machen. Kempen braucht das – es hat ja keine Kreuzworträtsel als Hilfe.

Adresse Kramer-Museum, Burgstraße 19, 47906 Kempen, Tel. 02152/917-271, www.kempen.de | **Museum für Niederrheinische Sakralkunst** Burgstraße 19, 47906 Kempen, Tel. 02152/917-380; Öffnungszeiten für beide Museen: Di, Mi, Fr 14–17 Uhr, Do 14–18 Uhr, Sa, So 11–17 Uhr.

50 — Kloster Heisterbach in Königswinter

Einst stand im Heisterbachtal die zweitgrößte Kirche des Rheinlands – lange Zeit nur übertroffen vom Kölner Dom. 88 Meter lang war die Abteikirche und an ihrer breitesten Stelle 40 Meter breit: größer also als jede der romanischen Kirchen Kölns. Doch das ist vorbei: Im Zuge von Napoleons Feldzügen wurden Kirche und Klostergebäude so lange als Steinbruch missbraucht, bis im Jahr 1818 außer einer Handvoll Nebengebäuden nur ein Teil des Chorbauwerks als Ruine übrig blieb. Letzterer entwickelte sich mit dem Einzug der Romantik zu einem beliebten Ausflugsziel: Ruinen waren schwer in Mode.

Weniger in Mode war es leider, Dinge für die Nachwelt festzuhalten. Tatsächlich gibt es keine historische Ansicht des Klosterkomplexes, und bis heute steht eine umfangreiche archäologische Untersuchung des Geländes noch aus. Wo genau die Abteigebäude standen und wie sie aussahen, kann nur vermutet werden.

Dementsprechend können Sie bei einer Wanderung zur Abtei auf eigene Faust eine Entdeckungsreise in die Vergangenheit unternehmen. Neben dem beeindruckenden Chor gibt es viele Details zu finden, etwa einen alten Grabstein, der fast völlig unter den Wurzeln eines Baumes verschwunden ist, oder das versteckt gelegene neugotische Mausoleum der Familie zur Lippe-Biesterfeld.

Hungrige Wanderer können sich danach in der nahe gelegenen Klosterstube wieder fit für den Rückweg machen. Kulturelle Nahrung bietet hingegen die Konzertreihe »Klassik in der Scheune«, die in den warmen Monaten regelmäßig auf dem Klostergelände veranstaltet wird. Auf dem Weg zurück kann man den Tag dann wunderbar mit einem Wein auf dem Gut Sülz ausklingen lassen, dem einstigen Weingut der Abtei. Und nach dem einen oder anderen Riesling fällt es einem dann auch ganz ohne zeitgenössische Stiche viel leichter, sich vorzustellen, wie beeindruckend das Kloster einmal über das Heisterbachtal gewacht haben muss.

Adresse Heisterbacher Straße, 53639 Königswinter, www.abtei-heisterbach.de | **Gruppen-führungen** auf Anfrage unter Tel. 02223/70 07 37 oder webmaster@abtei-heisterbach.de | **Klosterstube in der Abtei** Tel. 02223/70 21 75, www.klosterstube-heisterbach.de | **Wein-haus Gut Sülz** Bachstraße 157, 53639 Königswinter-Oberdollendorf, Tel. 02223/30 10, www.weinhaus-gutsuelz.de.

51 Schloss Drachenburg in Königswinter

Der Drachenfels – einer der schönsten Orte am Rhein. Die Burg, die einst oben auf dem Berg über Königswinter thronte, ist schon seit Jahrhunderten Geschichte. Dafür hat der Drachenfels seit dem späten 19. Jahrhundert eine andere Sehenswürdigkeit: Ungefähr auf halber Höhe befindet sich ein Schloss: Schloss Drachenburg.

Gebaut wurde es seinerzeit als Residenz des Barons Stephan von Sarter, der sich den Adelstitel vor allem durch seine Gewinne als Börsenmakler erarbeitet hatte. In weniger als vier Jahren ließ er am Hang des schon damals beliebten Ausflugsbergs ein historisierendes Gemäuer errichten. Zahllose Erker, Zinnen und Wandgemälde zeugten vom Reichtum seines Erbauers, der sich seinen Traum die enorme Summe von 1,7 Millionen Reichsmark kosten ließ. Als das Schloss dann schließlich fertig war, hatte der Baron aber anscheinend die Faszination für das Rheinpanorama verloren: Er zog nie in seinen Prachtbau ein. Der wurde nach seinem Tod stattdessen zuerst Museum und Ausflugsziel, später dann gar Klosterschule.

Die nächsten Jahrzehnte waren eine wilde Zeit für das Schloss. Hier nur einige der Stationen in Stichworten: Umbau zur Kaderschule der Nazis, schwere Kriegsschäden, Beinahe-Abriss und Hobby-Schloss eines exzentrischen Millionärs, der unter anderem »Konzerte« auf einer gigantischen Orgelattrappe gab – die dazugehörige Musik kam vom Tonband. Mit Beginn der 1990er Jahre setzte ein ernsthaftes Bemühen um eine Restaurierung ein. Abgeschlossen werden konnten die Arbeiten erst im Jahr 2010 – sie dauerten also vom Planungsbeginn bis zum Abschluss sechsmal so lang wie die ursprüngliche Bauzeit! Doch die Arbeit hat sich gelohnt: In liebevoll restaurierten Räumen, die mit passendem Mobiliar ausgestattet wurden, kann sich der Besucher vorstellen, wie es wäre, selbst hier einzuziehen und jeden Tag den atemberaubenden Blick über das Rheinpanorama zu genießen; hier, an einem der schönsten Orte am Rhein.

Adresse Drachenfelsstraße 118, 53639 Königswinter, Tel. 02223/90 19 70, www.schloss-drachenburg.de | **Öffnungszeiten** Je nach Saison sehr wechselhaft; bitte informieren Sie sich telefonisch oder auf der Homepage. | **Führungen** Sa, So um 13, 14, 15 und 16 Uhr, private Gruppenführungen (bis 25 Pers.): Infos unter Tel. 02223/90 19 70.

52 Bolzplatz Köln-Lövenich

Wenn Sie Berliner nach der Faszination ihrer Stadt fragen, werden Sie immer wieder Aussagen hören, die sinngemäß etwas mit ihrer Einzigartigkeit und dem Charme des Verfalls zu tun haben.

So gesehen ist der Bolzplatz in Lövenich eine ziemlich berlinerische Angelegenheit. Auf den ersten Blick sieht man nämlich nicht viel mehr als einen stillgelegten Sportplatz, ein abgewracktes Clubhaus und einen einsamen Basketballkorb. Oder, wie man es im Planerdeutsch wohl ausdrücken würde, eine Gegend »mit Entwicklungsbedarf«.

Aber nicht so schnell: Der Platz hier muss gar nicht entwickelt werden, er hilft stattdessen anderen, sich zu entwickeln. Für viele Lövenicher Kinder ist dieser Bolzplatz Sport- und Abenteuerspielplatz zugleich. Ein Ort, an dem sie auf Bäume klettern, Bretterhäuser bauen und natürlich auch bolzen können. Und das alles, ohne dabei Gefahr zu laufen, im nächsten Moment überfahren zu werden.

Wahrscheinlich wundern Sie sich inzwischen etwas über die Wahl dieses Ortes – schließlich taugt ein Sportplatz, so spaßig er für Kinder auch sein mag, wohl kaum als Ausflugsziel.

Stimmt auffallend. Aber er taugt als Vorbild und als gute Idee – und insofern hat er sich einen Platz unter unseren 99 Orten verdient. Vielleicht bringt er Sie ja auf eine Idee, wie Sie einen Ort in Ihrer Nachbarschaft so umgestalten oder nutzen können, dass er mehr wird als nur ein stillgelegter Sportplatz, ein abgewracktes Clubhaus oder ein einsamer Basketballkorb.

Dann hätten Sie nämlich Ihren ganz persönlichen Ort in NRW, vollkommen unabhängig von all den anderen Orten, die wir hier aufzählen.

Adresse Johanniterstraße/Ecke Widdersdorfer Landstraße, 50859 Köln.

53 »Groov« in Köln-Porz

Der unbedarfte Leser mag sich wundern: »Groov« – ist das irgendwie englisch? So wie in »groove«? Um das knapp zu beantworten: Nein. »Groov« kommt vom gallischen »grava«, was so viel heißt wie »Sand« oder »Sandbank«.

Während Linguisten jetzt freudig auf das englische Wort für Kies verweisen – nämlich »gravel« –, hat der Rest inzwischen begriffen, was die Groov wohl sein mag: eine kleine Halbinsel im Rhein, direkt bei Zündorf, entstanden durch zunehmende Versandung am Ufer.

Doch wenn Sie jetzt eine öde, verwilderte Sandbank vor Ihrem inneren Auge sehen, täuschen Sie sich. Für die Porzer ist die Groov Ferieninsel und Naherholungsgebiet in einem. In der Nähe der Lagune finden sich Restaurants, eine Minigolfanlage, ein Sandstrand, ein Eiscafé, ein Jachthafen und sogar eine Rheinfähre; auf der Halbinsel selbst laden Rad- und Wanderwege dazu ein, unter Bäumen die Stadtluft hinter sich zu lassen.

Kurz: Ein Ausflug zur Groov ist so eine Art Kurzurlaub für ein paar Stunden – direkt an der Endstation der Kölner Straßenbahnlinie 7.

Und dabei ist es nicht so voll, wie man aufgrund der guten Verkehrsanbindung denken könnte, denn die meisten Kölner suchen ihre Erholung schon ein wenig stadtnäher, auf den Poller Wiesen. Wenn es Ihnen dort im Sommer zu voll wird, kommen Sie einfach ein bisschen weiter rheinaufwärts zur Groov und lassen Sie sich überraschen, was die angeblich so »schäle« rechte Rheinseite alles zu bieten hat.

Ach ja: Einmal im Jahr darf man übrigens das Wortspiel mit Groov und »groove« doch wieder hervorholen: Am Himmelfahrtswochenende findet traditionell das Inselfest auf der Groov statt, bei dem ein buntes Musikprogramm die verschiedensten Geschmäcker bedient.

Adresse »Groov« in Köln-Porz | **Parkmöglichkeiten** Am Markt, 51143 Köln.

54__Rosengarten im Agnesviertel in Köln

Dem Kölner an sich liegt viel an seiner Stadt – so viel sogar, dass er sie ab 1815 mit einem Festungsring umgab. Entlang der damaligen Stadtmauer wurden 14 Forts erbaut und mit der römischen Nummerierung I bis XIV versehen. Doch kaum waren diese Forts fertig, waren sie schon wieder obsolet: In den 1870er Jahren konnten Geschütze so weit schießen, dass vorgelagerte Verteidigungen notwendig wurden. Was soll's, die öffentliche Hand hatte Geld, und so wurden zwölf weitere Forts gebaut, die heute entlang einer Straße liegen, die aus ebendiesem Grund »Militärring« heißt. Zur allgemeinen Verwirrung beschloss man, auch diese Forts mit römischen Zahlen durchzunummerieren – wiederum von I bis XII. (Übrigens waren sie ebenfalls kurz nach Fertigstellung schon wieder veraltet. Das wäre der Zeitpunkt gewesen, an dem man ein gewisses Muster hätte erkennen können …)

Langer Rede kurzer Sinn: Unser Ort in Köln ist das Fort X. Und zwar dasjenige der beiden Forts dieses Namens, das näher an der Stadtmitte liegt, genauer gesagt im Agnesviertel. Seit dem Ende des Ersten Weltkriegs sind hier keine Soldaten mehr stationiert. Stattdessen bewundern immer mal wieder Spaziergänger die Mauern des noch fast vollkommen erhaltenen Forts, Kinder spielen auf den Spielplätzen in den alten Verteidigungsgräben, Sonnenhungrige räkeln sich im Sommer auf den Wiesen – vor allem aber zieht es alle immer wieder auf das Dach des alten Bauwerks, denn hier befindet sich der Rosengarten. Eine Oase der Ruhe, mitten in der Stadt. Dutzende von Rosensorten tauchen das alte Fort von Frühjahr bis Herbst in ein Meer von Farben.

Schwerter zu Pflugscharen? Hier wahrscheinlich eher nicht. Aber immerhin Festungen zu Rosengärten. Das ist doch auf jeden Fall besser als nichts.

Adresse Rosengarten auf dem Fort X, Neusser Wall 33, 50670 Köln.

55 __ Vierungsturm im Kölner Dom

Achtung, jetzt werden wir ganz originell: Oder hätten Sie gedacht, dass wir bei den Lieblingsorten tatsächlich den Kölner Dom erwähnen? Nun gut, weil das verdammt offensichtlich wäre, haben wir uns etwas mehr Mühe gegeben. Unser besonderer Ort ist nicht der komplette Dom, nein, es ist der Vierungsturm. Das ist dieser vergleichsweise kleine Dachreiter, der genau auf dem Kreuzungspunkt von Langhaus, Querhäusern und Chor sitzt. Ein ziemlich undankbarer Platz für einen Turm, denn richtig gut sehen ihn meist nur diejenigen, die die Kletterei auf einen der großen Domtürme auf sich nehmen.

Genau wie der Rest der Dachkonstruktion ist der Vierungsturm noch relativ jung. Ihre Eisenkonstruktionen wurden erst im Jahr 1860 gebaut – dreißig Jahre vor dem Eiffelturm. Wobei: Das ist schon wieder ein bisschen geschwindelt. Der aktuelle Vierungsturm ist noch etwas jünger, denn sein Vorgänger überstand den Zweiten Weltkrieg nicht unbeschadet.

Es ist nicht ganz so einfach wie ein Aufstieg auf den Südturm des Doms, aber Sie können auch auf den Vierungsturm gelangen: Die Dombauverwaltung bietet immer wieder Führungen durch Dachstuhl und Vierungsturm an. Dabei wird Ihnen als Erstes auffallen, dass die Konstruktion von Nahem viel größer und geräumiger ist, als man vom Boden aus vermuten würde. Dann aber werden Sie merken, wie gut Sie von dort oben erkennen können, wie die Stadt um den Dom herum gewachsen ist. So liegt zum Beispiel die Eisenbahnbrücke – die Hohenzollernbrücke – in direkter Sichtachse des Doms, was übrigens für schöne Fotomöglichkeiten von der Westspitze der Deutzer Bahnsteige aus sorgt.

Die Dombauverwaltung ist Ihnen auch gerne behilflich, wenn Sie Ihrem Partner oder Ihrer Partnerin dort oben einen Heiratsantrag machen wollen. Das wäre dann auf jeden Fall ein origineller Ort, auch wenn es mitten auf dem bekanntesten Ort der Stadt ist.

Adresse Kölner Dom, Domkloster 4, 50667 Köln, www.dombau-koeln.de | **Öffnungs-zeiten** Innenraum Nov. bis April 6–19 Uhr; Mai bis Okt. 6–21 Uhr, Turmbesteigung Nov. bis Feb. 9–16 Uhr; März bis April 9–17 Uhr; Mai bis Sept. 9–18 Uhr; Okt. 9–17 Uhr | **Informationen zu Führungen** Dombauverwaltung, Roncalliplatz 2, 50667 Köln, Tel. 0221/17 94 03 00.

56 Waldfriedhof in Köln-Dellbrück

Ein Friedhof als besonderer Kölner Ort? Und dann nicht einmal der Melatenfriedhof? Wie kommen wir denn bitte schön darauf?, mögen Sie sich fragen.

Nun, der kleine rechtsrheinische Friedhof ist in vielerlei Hinsicht das genaue Gegenteil der Anlage in Melaten. Während dort hohe Mauern und Bäume die Gräber vom Lärm der Aachener Straße abschirmen, sind hier die Toten umgeben vom Leben des Stadtteils. Direkt nebenan stehen ein Kindergarten und eine Schule, die Stimmen der Kinder schallen herüber. Obwohl der Friedhof erst im Jahr 1888 angelegt wurde, verleihen ihm zahlreiche alte Bäume inzwischen einen fast parkähnlichen Charakter.

Anders als viele andere Orte in diesem Buch, ist dies kein klassisches Ausflugsziel, das mit vielfältigen Attraktionen lockt. Es ist aber auch kein Ort, an dem man nur Tote betrauern könnte.

Es ist ein Ort, der einlädt, einfach mal einen Spaziergang zu machen oder sich zum Nachdenken und zur Entspannung auf eine Bank zu setzen. Ein Ort, um der Hektik des Alltags zu entfliehen und sich auf sich selbst zu besinnen. Im Gegensatz zum Melatenfriedhof begegnen Sie hier keinen Touristen auf der Suche nach dem nächsten Promi-Grab; Sie können den Ort ungestört auf sich wirken lassen.

Gerade die unmittelbare Konfrontation mit den Gräbern lässt einen die Kraft des Lebens spüren. Gerade der Hauch von Leben, der von jenseits der Friedhofsmauer herüberweht, lässt einen die Macht des Todes begreifen.

Die zahlreichen Gegensätze des Lebens treffen hier unmittelbar aufeinander: Lärm und Stille, Lebensfreude und Besinnlichkeit, Werden und Vergehen, Leben und Tod.

Adresse Thurner Straße, 51069 Köln.

57__Der Kölner Zoo

Das kölsche Liedgut weiß es schon längst: Ene Besuch im Zoo, oh, oh, oh, oh, dat es esu schön, dat es wunderschön! Und das gilt auch und gerade für den Kölner Zoo. Denn hier hat sich in den letzten Jahren viel getan. Immer mehr Gehege wurden und werden an die neuesten zoologischen Erkenntnisse angepasst oder ihnen entsprechend neu gebaut, um den Tieren das bestmögliche Umfeld zu bieten. Seit der Jahrtausendwende entstanden so das Regenwaldhaus, der Elefantenpark und − pünktlich zum 150-jährigen Jubiläum im Jahr 2010 − der »Hippodom«, das neue Flusspferdhaus, das endlich die alten, eher kläglichen Becken ersetzt. Wobei es tatsächlich nicht nur für Flusspferde gebaut wurde; hier leben auch Krokodile und exotische Vogelarten in einer Umgebung, die afrikanischen Flusslandschaften nachempfunden wurde.

Regelmäßige Besucher finden schnell ihre speziellen Lieblinge unter den Tieren, und besonders beliebt sind natürlich »prominente« Tierkinder wie etwa das im Jahr 2006 zur Welt gekommene Elefantenweibchen Marlar.

Wer sich so richtig in ein Tier verliebt hat, kann sogar eine Patenschaft übernehmen: Je nach Tierart fallen unterschiedliche Beträge dafür an. Wer sich beispielsweise für die Fauchschabe einsetzen möchte, ist schon mit 50 Euro im Jahr dabei, wer hingegen Sympathien für Elefanten hegt, muss 5.000 Euro pro Jahr überweisen.

Doch auch ohne Patenschaft kommt ein Teil Ihrer Eintrittsgelder der Tierwelt zugute. Der Kölner Zoo engagiert sich nämlich weltweit für Artenschutzprojekte, damit bedrohte Tierarten auch in freier Wildbahn überleben können.

Eigentlich hat der Kölner Zoo nur einen Nachteil − man kann sich so leicht im Anblick all der Tiere verlieren, dass für das ebenfalls sehenswerte benachbarte Aquarium, dessen Eintritt im Preis inbegriffen ist, leider oft kaum noch Zeit bleibt. Denn beides an einem Tag zu schaffen kann schon eine echte Herausforderung sein.

Adresse Riehler Straße 173, 50735 Köln, Tel. 01805/28 01 01, www.koelnerzoo.de | **Öffnungszeiten** täglich 9–18 Uhr (im Winter bis 17 Uhr) | **Kostenlose Führungen** Treffpunkt sonntags um 11 Uhr hinter dem Haupteingang.

58 Freilichtmuseum Kommern

»Unser Dorf soll schöner werden« – unter diesem Motto werden seit Jahrzehnten Blumenkübel und rote Pflastersteine großzügig in kleinen Ortschaften verteilt. Im Museumsdorf Kommern funktioniert das anders: Hier werden ganze Häuser aufgestellt, nachdem sie anderswo der Modernisierung weichen mussten. Als Besucher kann man durch derzeit vier Themenbereiche spazieren, in denen 65 historische Gebäude aus unterschiedlichen Regionen des Rheinlands gruppiert wurden. Zwischen April und Oktober helfen kostümierte Laiendarsteller dabei, die Vergangenheit lebendig werden zu lassen, und geben einen Einblick, wie Schmiede, Schreiner und Näherinnen vor zweihundert Jahren lebten und arbeiteten.

Einige Kuriositäten des Museums sind nicht sofort offensichtlich – so etwa der Spartrick eines Bauherrn aus dem 18. Jahrhundert: Da Brandschutzregeln steinerne Schornsteine (statt der günstigeren Holzbauweise) vorschrieben, versah er sein Haus mit dem gemauerten Abzug. Allerdings nur ganz oben auf dem Dach, wo man es von außen sehen konnte. Auf dem Dachboden hingegen, der von den Kontrolleuren nicht eingesehen werden konnte, lief der Rauch durch die viel billigere, offiziell verbotene Fachwerkröhre.

Damit Sie als Besucher auf solche Details aufmerksam werden, bietet das Museum jede Menge Zusatzinformationen: Für Erwachsene gibt es Führungen oder ausleihbare Audioguides, für Kinder – die im Übrigen keinen Eintritt zahlen müssen – werden spezielle Kinder-Touren und ein herunterladbarer Museumsführer im PDF-Format angeboten.

Und wenn dann alle Winkel der alten Gemäuer erkundet sind, locken auch noch Spielplatz und (kostenpflichtige) Sommerrodelbahn. Zum Abschluss des Besuchs kann man sich schließlich in historischem Ambiente mit einem Essen im Museums-Gasthof für die Rückfahrt stärken.

Adresse Eickser Straße, 53894 Mechernich-Kommern, Tel. 02443/99 80-0, www.kommern.lvr.de | **Öffnungszeiten** April bis Okt. täglich 9–18 Uhr; Nov. bis März täglich 10–16 Uhr; 24. und 31. Dez. 10–14 Uhr; 25./26. Dez. und 1. Jan. 11–17 Uhr.

59 Bücherstadt Langenberg

Langenberg, direkt auf der Grenze zwischen Rheinland und Westfalen gelegen, hat dem Besucher vieles zu bieten: Eine wunderbar verwinkelte Fachwerk-Altstadt, die Aussicht vom Bismarckturm auf dem Hordtberg und eine Jugendstilorgel im Bürgerhaus sind nur einige der Attraktionen. Dennoch hat kaum ein Besucher der Stadt einen Blick dafür, denn eine Sehenswürdigkeit schlägt alle anderen: Bücher.

Jawohl: In einer Zeit, in der allenthalben der Untergang des gedruckten Wortes vorhergesagt wird, hat sich Langenberg komplett auf diejenigen eingestellt, die lieber Geruch und Textur von Papier erfahren wollen, als Texte auf LCD-Schirmen oder elektronischem Papier zu lesen.

In den letzten Jahren haben sich – unterstützt durch die Arbeit eines Vereins – schon sieben Antiquariate in leer stehenden Ladenlokalen angesiedelt und den kleinen Ort, der 1975 seine Selbstständigkeit verlor und Stadtteil von Velbert wurde, zu einer Fundgrube für Leseratten gemacht. Regelmäßig finden Veranstaltungen rund ums Buch statt, und bei schönem Wetter laden zahlreiche Bänke und Cafés dazu ein, die neu erworbenen Schätze gleich vor Ort aufzuschlagen.

Wer keine Lust hat, die engen Straßen und überquellenden Buchläden allein zu erkunden, kann sich auch einer Führung anschließen – aber Achtung: Nicht selten bleiben einzelne Teilnehmer unterwegs in einem der Läden hängen, weil sie sich ganz einfach festgelesen haben. Wer es doch einmal schafft, die Nase aus dem Buch zu heben, kann sich neben den eingangs erwähnten Sehenswürdigkeiten auch an einigen für einen so kleinen Ort überraschend prachtvollen Kaufmannsvillen erfreuen: Neben Papier- und Pappherstellung siedelte sich in Langenberg nämlich auch die Tuchindustrie an: Mit Seide wurden die Langenberger Kaufleute reich.

Wenn Sie mehr über die Geschichte Langenbergs erfahren wollen: In einem der zahllosen Bücherregale der Stadt wartet bestimmt schon das richtige Buch auf Sie. Fahren Sie doch einfach mal hin und schmökern Sie darin.

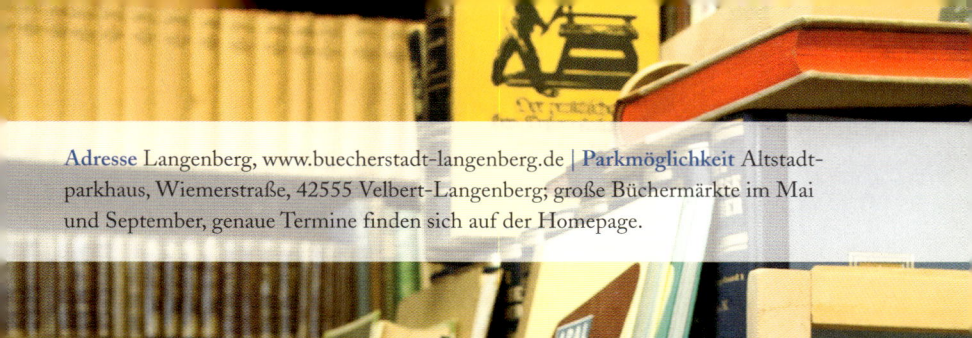

Adresse Langenberg, www.buecherstadt-langenberg.de | **Parkmöglichkeit** Altstadt-parkhaus, Wiemerstraße, 42555 Velbert-Langenberg; große Büchermärkte im Mai und September, genaue Termine finden sich auf der Homepage.

60 Hungerberg bei Marienmünster

»Hungerberg« – das ist erst einmal kein sonderlich attraktiver Name. Und Menschen mit einer gewissen Höhenangst könnten erst recht ein Grummeln im Magen spüren, wenn sie vor dem Aussichtsturm stehen, den Bürger des Ortes Marienmünster in Eigenregie im Jahr 2008 aufgestellt haben. Doch es lohnt sich, die rund 130 Stufen der Holzkonstruktion zu erklimmen: Von oben bietet sich bei gutem Wetter eine phantastische Fernsicht auf ganz Ostwestfalen.

Wer nicht ganz so hoch hinausmöchte, kann sich stattdessen auch die kleine Kapelle nebenan ansehen – bis zur Mitte des 19. Jahrhunderts war der Bau eine Zwischenstation der kurzlebigen Preußischen optischen Telegrafenlinie, die sich mit insgesamt 60 Standorten von Berlin über Magdeburg, Soest, Hagen und Köln bis nach Koblenz erstreckte. Eine Schautafel am Aussichtsturm erklärt Näheres zu dieser Epoche der Kommunikationstechnik. Nachdem der optische Telegraf durch den elektrischen ersetzt worden war, wurde das Häuschen zu einer barock anmutenden Kapelle umgebaut.

In die Jahre des optischen Telegrafen fiel auch eine Episode, in der der Hungerberg seinem Namen alle Ehre machte: Im April 1837 schneite die Telegrafenstation so heftig ein, dass den Beamten dort die Vorräte ausgingen. Die am Fuß des Berges gelegene Abtei Marienmünster sandte eine kleine Expedition aus, die sich in mühevollen Stunden zum Gipfel durchkämpfte, um den Eingeschlossenen Nahrung zu bringen.

Die wenigen Patres, die jetzt noch in der Abtei Marienmünster leben, müssen zum Glück keine solchen Rettungsaktionen mehr unternehmen. Stattdessen sorgen sie dafür, dass viele der alten Wirtschaftsgebäude nach und nach restauriert und zu Räumen für Kulturveranstaltungen umgebaut werden. Ein Besuch der innen wunderbar barock ausgestatteten Stiftskirche lohnt auf jeden Fall; besonders natürlich, wenn dort eines der beliebten Orgelkonzerte stattfindet.

Adresse www.marienmuenster.de | **Abtei Marienmünster** 37696 Marienmünster, www.kulturstiftung-marienmuenster.de.

61 Meerbusch-Büderich

Mag rundherum auch das Leben toben – drei Autobahnen sowie die Landeshauptstadt Düsseldorf mit ihrem Flughafen sind jeweils nur wenige Kilometer entfernt –, in Meerbusch-Büderich ist davon nichts zu spüren, trotz Anschluss ans Düsseldorfer Stadtbahnnetz.

Stattdessen lädt die dörfliche Umgebung zu entspannten Spaziergängen ein. Etwa am Dyckhof vorbei. Die ehemalige Wasserburg beherbergt nach mehrmaligem Besitzer- und Funktionswechsel (unter anderem als Landsitz und als Kloster) heute ein Hotel mit angeschlossenem Restaurant. Oder zum Haus Meer, einem ehemaligen Kloster und Herrenhaus, dessen Ursprünge bis ins 12. Jahrhundert zurückreichen und durch dessen reizvollen Park regelmäßig Führungen angeboten werden.

Wer es moderner mag, kann den alten Kirchturm besuchen, in dem Joseph Beuys' Skulptur »Auferstehungssymbol« installiert ist, eine Arbeit, die noch vor dem Weltruhm des Künstlers entstand. Architektonisch Interessierte zieht es eher in die Gartenstadt Meererbusch, ein Villenviertel, das zu Beginn des 20. Jahrhunderts erbaut wurde. Auch wenn die ursprüngliche Planung als architektonisches Gesamtkunstwerk durch zwei Weltkriege zunichtegemacht wurde, lohnt sich ein Rundgang durch die realisierten Teile der Siedlung auf jeden Fall.

Doch eigentlich ist es schon fast kurios, sich hier Häuser anzusehen – schließlich lockt rund um das Örtchen die rheinländische Natur. Im Nordwesten bieten sich der Meerbusch und der Stümper Busch für Wanderungen an, im Osten kann das Ufer des Rheins erkundet werden.

Und wer nach so viel Entspannung nicht gleich wieder zurück in den Düsseldorfer Großstadttrubel will, der kann seine Einkäufe auch bei einem Gang durch die Dorfstraße erledigen, sich dabei ein wenig als Einheimischer fühlen und den Tag mit einem Kaffee oder Bier in einem der Lokale ausklingen lassen.

Adresse Hotel Restaurant Gut Dyckhof, Am Dyckhof 3, 40667 Meerbusch-Büderich, Tel. 02132/97 77, www.gutdyckhof.de | Förderverein Haus Meer
www.hausmeer.meerbuscher-kulturkreis.de.

62 Kloster Meschede

Gleich vorneweg: Dieser Ort eignet sich nicht unbedingt als alleiniges Ziel für einen ganzen Tagesausflug. Schließlich ist die Benediktinerabtei Königsmünster in Meschede ein Kloster, das sozusagen »in Betrieb« ist und auch noch ein Gymnasium unterhält. Dennoch ist sie ein Ort, bei dem es sich lohnt, etwas mehr über ihn zu erfahren.

Die Abtei ist ein junges Kloster – im mehrfachen Sinne. Gegründet wurde sie erst im Jahr 1928 von drei Mönchen. Der Deal mit der Stadt war simpel: Die Mönche sollten sich um den Betrieb der ehemals städtischen Rektoratsschule kümmern, als Gegenleistung unterstützte die Stadt den Aufbau des Klosters.

Die NS-Herrschaft brachte das Klosterleben von 1941 bis 1945 zum Erliegen. Nach der Rückkehr der Mönche stieg ihre Zahl rasant an – zu Spitzenzeiten zählte das Kloster über 80 Mönche. Einer der Auslöser dieses Erfolgs ist der zweite Grund, aus dem man die Abtei als »junges« Kloster bezeichnen kann: Jugendarbeit hat hier Priorität. Nicht nur im Gymnasium, sondern auch im Kloster selbst; insbesondere durch das Jugendgästehaus »Oase«, das speziell auf die Bedürfnisse von Schülergruppen zugeschnitten ist.

Vor allem aber gibt es ein umfangreiches Veranstaltungsprogramm, das von Gottesdiensten über Vorträge bis hin zu mehrtägigen Seminaren für Jugendliche und Erwachsene reicht. Neben der »Oase« wird dafür auch das architektonisch beeindruckende Haus der Stille genutzt. Hier können Gäste des Klosters allein oder in Seminargruppen Ruhe und innere Einkehr finden.

Bei alledem versteht sich die Abtei Königsmünster natürlich nicht als Hotel. Wer hierherkommt, sucht etwas – und er wird es nur finden können, wenn er sich auch auf den Ort einlässt, statt ihn bloß als Unterkunft zu nutzen.

Doch auch für Kurzzeitbesucher kann es sich lohnen, beim Kloster vorbeizuschauen: Der Klosterladen bietet Brot, Konfitüren und Liköre aus der Produktion der Abtei sowie religiöse Kunst aus der Klosterschmiede an.

Adresse Abtei Königsmünster, Klosterberg 11, 59872 Meschede, Tel. 0291/299 50, www.koenigsmuenster.de | **Öffnungszeiten Klosterladen** Mo–Fr 9–13 und 14–17.30 Uhr, Sa 9–13 und 15–17.45 Uhr, So 10.40–11.40 Uhr, Tel. 0291/29 95-109, klosterladen-meschede.orderonline.de.

63___Neandertal in Mettmann

Das Neandertal (oder »Neanderthal«, beide Schreibweisen sind gängig) ist dünn besiedelt – nicht so sehr, weil niemand sich gern mit den Worten »Ich bin ein Neandertaler« vorstellen möchte, sondern weil es in seiner heutigen Form mehr Kultur- als Naturlandschaft ist und lange Zeit nicht besonders gut zu bewohnen war. Kalkabbau und Steinbrüche veränderten den Charakter der einst schmalen Schlucht im 19. Jahrhundert vollkommen.

Im Zuge dieser Arbeiten wurde im Jahr 1856 auch das erste Neandertaler-Skelett entdeckt – und beinahe ignoriert. Doch selbst nachdem die Knochen knapp gerettet und international bekannt geworden waren, verschlug es kaum einen Forscher hierher. Dafür arbeiteten die Steinbrüche munter weiter und zerstörten womöglich viele Hinterlassenschaften der einstigen Bewohner dieses Tals.

Heute steht das Neandertal unter Naturschutz. Viele Wanderwege durchziehen es, am augenfälligsten ist sicherlich der Skulpturenpfad »MenschenSpuren«, der sich in künstlerischer Weise mit dem Verhältnis von Mensch und Natur auseinandersetzt, nachdem sich der Mensch am selben Ort zuvor lange Zeit alles andere als künstlerisch mit der Natur auseinandergesetzt hatte.

Entlang dem Weg gibt es viele Objekte und Installationen, die über ein Audiosystem von den Künstlern erläutert werden. Kopfhörer dafür können kostenlos im Neanderthal Museum geliehen werden, das auch den Start- und Endpunkt des Weges darstellt und mit seiner modernen, familiengerechten Ausstellung ebenfalls unbedingt einen Besuch wert ist. Hier kann man auch all das entdecken, was Forscher über das Leben und Aussehen der Neandertaler in Erfahrung gebracht haben, seitdem hier endlich systematisch und mit der nötigen Vorsicht gegraben wurde. Und wenn man dort dem freundlich lächelnden »Herrn N.« in die Augen schaut, einer lebensgroßen Rekonstruktion eines Neandertalers, dann beneidet man ihn vielleicht doch ein wenig um die Wohnlage, die er in seiner Höhle damals gehabt haben muss, hier, mitten im schönen Neandertal.

Adresse Neanderthal Museum, Talstraße 300, 40822 Mettmann, Tel. 02104/97 97-0, www.neanderthal.de.

64 Irser Mühle in Mittelirsen

Auch wenn die gegenwärtige Debatte manchmal den Anschein erwecken mag, ist erneuerbare Energie keine moderne Erfindung: In der Irser Mühle im Windecker Ländchen ist sie seit vierhundert Jahren hinter der romantischen Fachwerkfassade am Werk. Ganz ohne Ökokampagnen und Subventionsprogramme. Über fünf Stockwerke verteilen sich Riemen und Radwerke, die dafür sorgen, dass aus Korn Mehl wird.

Angetrieben wird das Ganze von der Kraft des Wassers im Irser Bach, welcher gleichzeitig die Landesgrenze zu Rheinland-Pfalz darstellt. Doch die Irser Mühle steht auf der nordrhein-westfälischen Seite des Gewässers – und unter Denkmalschutz, denn funktionsfähige Wassermühlen haben heute Seltenheitswert.

Das Innere der Irser Mühle ist im Übrigen vom Prinzip her gar nicht so weit weg von modernen Industriemühlen: Hier wie dort wird das Getreide nicht mit dem altbekannten Mühlstein zermahlen, sondern zwischen zwei Walzen gefüttert, die durch ihren Druck das Mahlgut zerkleinern. Durch den Abstand der Walzen kann der Müller sehr einfach regulieren, wie grob oder fein gemahlen werden soll.

In Irsen ist Alois Schneider der Mann, der die Mühle am rauschenden Bach klappern lässt, und das in vierter Generation. Im Jahr 1820 hat seine Familie das Mühlhaus erworben. Das Gebäude selbst ist jedoch viel älter, vermutlich wurde es um die Mitte des 16. Jahrhunderts herum errichtet.

Ein Besuch lohnt sich auf jeden Fall, ist aber leider nur nach Vereinbarung möglich, denn die Irser Mühle ist kein Museum. Doch nach Voranmeldung ist Alois Schneider gerne bereit, Ihnen zu demonstrieren, wie die Riemen, Zahnräder und Mahlwerke zusammenspielen.

Adresse Mühlengraben 1, 51570 Mittelirsen, Tel. 02292/60 11 53.

65 Die Möhnetalsperre

Eines der schönsten Ausflugsziele in Südwestfalen: der Möhnesee. Anderthalb Millionen Touristen besuchen ihn jedes Jahr, sei es zum Baden, Spazierengehen oder um die gewaltige Staumauer aus dem Jahr 1913 zu bestaunen. Zahllose Eltern und Großeltern aus der Region haben hier ihren Nachkommen auch von jener Nacht im Mai 1943 erzählt, deren Ereignisse so gar nicht zu der wunderschönen, friedvollen Landschaft passen, die sich hier heute darbietet: Britische Flugzeuge warfen damals speziell entwickelte Bomben ab, um die Talsperre zu zerstören. Der Angriff gelang; durch die resultierende Flutwelle kamen weit über tausend Menschen zu Tode.

Mehr zu diesen und anderen Ereignissen in der Geschichte des Möhnesees können interessierte Gruppen bei Führungen über die Staumauer erfahren.

Doch die Mauer ist nur der kleinste Teil des Sees. Einen guten Überblick über die kompletten zehn Quadratkilometer Wasserfläche erhalten Besucher auf einer der vielen täglich stattfindenden Rundfahrten. Dabei erspähen sie vielleicht auch eine weitere Attraktion des Sees: den bei Nudisten beliebten Nacktbadestrand.

Wer sich weniger für nackte Mitmenschen als für unberührte Natur interessiert, kommt am Möhnesee ebenfalls auf seine Kosten: Die Gegend ist Vogelschutzgebiet und kann unter anderem mit Haubentauchern, Kormoranen, Graureihern und Eisvögeln aufwarten. Viele dieser Vögel werden von dem angezogen, was auch Angler immer wieder hierherkommen lässt: einem beeindruckenden Fischbestand. Aber Achtung: Angeln ohne Erlaubnis wird empfindlich bestraft.

Doch eigentlich muss man gar nichts organisieren, um am Möhnesee Zufriedenheit zu finden. Es reicht schon aus, sich ein ruhiges Plätzchen abseits des Besuchertrubels zu suchen und sich entspannt auf die Landschaft und die Natur um einen herum einzulassen. Schöner kann ein Ausflug gar nicht sein.

Adresse Linkstraße, 59519 Möhnesee, www.moehnesee.de |
Rundfahrten www.moehneseeschifffahrt.de.

66 Tiergarten Mönchengladbach

Angefangen hat es 1957 ganz bescheiden: Mit ein paar Vögeln, Ziegen und Ponys öffnete der kleine Tierpark seine Pforten; auf einem Grundstück, das dem privaten Trägerverein von der Stadt zur Verfügung gestellt worden war. Auch heute setzt der Tiergarten Mönchengladbach nicht auf Großwild und Sensationen, sondern auf die Nähe zwischen Mensch und Tier. Und das zum Teil buchstäblich: Einige der Bewohner lassen sich füttern und streicheln, etwa die Ziegen oder Schafe. Bei anderen, wie Füchsen, Luchsen oder Braunbären, ist dies verständlicherweise nicht möglich, sie sind aber auch so imposant genug zu beobachten.

Rund 500 Tiere aus 140 verschiedenen Arten tummeln sich mittlerweile auf dem 4,3 Hektar großen Gelände am Pixbusch – vom Apella (einem indischen Affen) bis zur Zwergziege. Und 240.000 Besucher im Jahr kommen, um sie inmitten einer idyllischen Parkanlage zu bewundern.

Das Zoopersonal geht dabei gerne auf die Faszination gerade der jungen Besucher ein. Mit etwas Glück können die Kinder schon einmal eine Schildkröte in die Hand nehmen oder ein Meerschweinchen streicheln. Und wer mit seiner Schulklasse oder Kindergartengruppe kommt, kann sogar noch die Dienste der Zooschule in Anspruch nehmen, um unter fachkundiger Anleitung noch mehr über die Bewohner des Tierparks zu erfahren.

Wenn die Tiere eingehend betrachtet und bewundert sind, locken Spielgeräte für die Kleinen und ein Zoocafé für die Großen. Und die moderaten Eintrittspreise (eine Jahreskarte kostet kaum mehr als anderswo ein einzelner Besuch) sowie die gute Verkehrsanbindung – per Bus nur eine halbe Stunde vom Hauptbahnhof – sorgen dafür, dass man gerne wiederkommt. Erst als Kind und später dann auch mit den eigenen Kindern. Aber bitte ohne Hund – die müssen nämlich draußen bleiben.

Adresse Am Pixbusch 22, 41199 Mönchengladbach, Tel. 02166/60 14 74, www.tiergarten-moenchengladbach.de | **Öffnungszeiten** im Sommer 9–18 Uhr; im Winter 9 Uhr bis eine Stunde vor Dunkelheit.

67__ Tuchmacherstadt Monschau

Bestimmt haben Sie schon einmal von Rothenburg ob der Tauber gehört – berühmt wegen seiner wunderbar erhaltenen Altstadtgassen. Aber wussten Sie, dass es auch ein »Rheinisches Rothenburg« gibt? Das ist nämlich der Beiname des Luftkurorts Monschau im Herzen der Eifel, weil sich in dessen Dorfkern seit fast dreihundert Jahren so gut wie nichts verändert hat. Damals wie heute laden romantische Fachwerkgassen zum Bummeln ein. Hinter den Fassaden erwartet den Besucher ein vielfältiges Kunst-, Kultur- und Museumsangebot.

Da ist zum Beispiel das »Rote Haus«. Es wurde 1752 gebaut und war ehedem das Wohn- und Geschäftshaus des Tuchmachers Johann Heinrich Scheibler. Das Museum mit seiner kompletten Einrichtung in den Stilen Rokoko, Louis-seize und Empire spiegelt den Glanz großbürgerlicher Wohnkultur wider.

Handfester geht es in der historischen Senfmühle zu. Hier wird in der fünften und sechsten Generation Senf in einer über hundert Jahre alten Senfmühle hergestellt, die ursprünglich über ein Wasserrad angetrieben wurde. Auch sie kann besichtigt werden.

Eher ein Geheimtipp ist die Eschbachstraße. Monschaus älteste Einkaufsstraße liegt, von vielen Touristen unbemerkt, im Dorfkern. Kleine Geschäfte, ein Taschenmacher und sehenswerte historische Gebäude lohnen einen Besuch. Ebenso wie eine Pause unter der Lästerlinde, einer alten Linde am Holzmarkt. Hier trafen sich früher die Dorffrauen zum Tratsch. Und an der Rur gibt es für Verliebte einen ganz besonderen Ort, den längst nicht jeder kennt: das Treppchen am Stehling mit einer lauschigen Bank direkt am Wasser.

Und das Tollste an der Sache: Verglichen mit Rothenburg ob der Tauber, das lange schon von internationalen Touristen überrannt wird, geht es in Monschau noch eher beschaulich zu. Höchste Zeit also, das Rheinische Rothenburg zu entdecken – bevor es die anderen tun.

Adresse Monschau Touristik, Stadtstraße 16, 52156 Monschau, Tel. 02472/804 80; www.monschau.de/touristik | **Stiftung Scheibler-Museum** Rotes Haus Monschau, Laufenstraße 10, 52156 Monschau; Öffnungszeiten: nur von Karfreitag bis Ende Nov., Einlass zur vollen Stunde, vormittags um 10 und 11 Uhr, nachmittags um 14, 15 und 16 Uhr, Führungen nach Anmeldung | **Historische Senfmühle** Laufenstraße 116–124, 52156 Monschau, www.senfmuehle.de; Öffnungszeiten Senflädchen Mo–Fr 8–18 Uhr, Sa 8.30–18 Uhr, So 10–18 Uhr.

68 Der Prinzipalmarkt in Münster

Gut, er ist eine offensichtliche Wahl – aber auch eine alternativlose. Der Prinzipalmarkt ist Münsters gute Stube und das »Gesicht« der Stadt. Kein Film, der in Münster spielt, kommt ohne eine Szene aus, in der die Darsteller an den berühmten Giebeln vorbeigehen. Häufig ist das sogar die einzige Szene, die tatsächlich in der Stadt gedreht wird (der Münsteraner »Tatort« etwa wird größtenteils in Köln aufgezeichnet), doch dieses Bild reicht aus, um jedem Zuschauer zu signalisieren: Wir sind in Münster.

Bis ins 12. Jahrhundert zurück reicht die Geschichte einiger Häuser. Reiche Kaufleute bauten hier ihre Marktstraße direkt am Rande der Domburg. Als Machtdemonstration setzten sie gar das prächtige Rathaus direkt vor eines der Eingangstore, quasi vor die Haustür des Bischofs. Der war damals machtlos gegen diesen Affront, doch einen anderen Konflikt überlebten das Rathaus und die anderen Häuser des Prinzipalmarkts nicht: Nach dem Zweiten Weltkrieg lag die Straße in Trümmern. Unterstützung für den weitgehend originalgetreuen Wiederaufbau kam wiederum besonders von den ortsansässigen Kaufleuten.

Heute ist der Prinzipalmarkt wieder lebendiges Zentrum der Stadt. Das rekonstruierte Rathaus lockt Touristen mit dem Friedenssaal; am Turm der Lambertikirche, Münsters zweitgrößtem Gotteshaus, erinnern die Wiedertäuferkäfige an jene anderthalb Jahre im 16. Jahrhundert, in denen radikale Apokalyptiker die Macht in der Stadt hatten, und hinter den im alten Stil wiederaufgebauten Bogengängen laden edle Geschäfte zu Shoppingtouren ein.

Dreimal am Tag erklingt das Glockenspiel vom Stadthausturm, und abends, wenn Straßenmusikanten und Maler schon längst daheim sind, bläst einer der letzten beiden Türmer Deutschlands zu jeder vollen Stunde hoch oben von der Lambertikirche, und unten wird es wieder ruhig, in Münsters guter Stube.

69 Wochenmarkt und Domplatz in Münster

Ob frühmorgens pünktlich um sieben Uhr, wenn Obst und Gemüse noch geschmackvoll und mit viel Liebe drapiert präsentiert werden, ob zum Zweitfrühstück oder kurz vor dem Mittagessen: Der Wochenmarkt in Münster ist jederzeit einen Besuch wert.

Seit mehr als hundert Jahren werden am Dom jeden Mittwoch und Samstag frische Waren gehandelt. Direkt vom Erzeuger in den Einkaufskorb – frischer geht kaum noch. Jeder Winkel des Domplatzes wird ausgenutzt, bis an die Mauern des Gotteshauses drängen sich die Marktstände. Hundertfünfzig Händler konkurrieren hier – teilweise unüberhörbar – mit Obst-, Gemüse- oder Backwaren um die Gunst der Kunden. Und auch am Freitag ist Markt – dann allerdings ausschließlich für Bioprodukte. Doch die Auswahl endet nicht am Rand des Marktes. Auch um ihn herum wird die Vielfalt der Stadt deutlich. Da ist zunächst einmal der St.-Paulus-Dom. Seine Geschichte reicht bis ins frühe 9. Jahrhundert zurück, der heutige Bau stammt zu großen Teilen aus dem 13. Jahrhundert.

Falls Ihnen der Sinn nach Kunst steht, sind Sie auf der anderen Seite des Platzes richtig: Im Landesmuseum für Kunst und Kulturgeschichte wird eine Sammlung bedeutender Kunstwerke vom Mittelalter bis zur Gegenwart präsentiert. Bemerkenswert ist die Moderne Galerie mit einem großen Bestand an Werken des Expressionismus und Impressionismus. Unter den Besuchern des Museums sind sicher auch viele Studenten des Instituts für Kunstgeschichte der Universität Münster, das seinen Sitz direkt am Domplatz hat.

Zum Schluss ein Geheimtipp für sparsame Stadtbesucher: Gleich neben dem Museum ist der Sitz der Bezirksregierung. Deren Kantine bietet werktags von 12.30 bis 14.30 Uhr ganz offiziell auch Besuchern ein Mittagsmenü an. Man zahlt als Gast zwar 70 Cent mehr als die Mitarbeiter der Regierung, kommt aber immer noch deutlich günstiger weg als in anderen Restaurants.

Adresse Domplatz, 48143 Münster | **Wochenmarkt** jeden Mi und Sa 7–14.30 Uhr |
St.-Paulus-Dom Öffnungszeiten: Mo–Sa 6.30–19 Uhr, So und feiertags 6.30–19.30 Uhr;
Gruppenführungen nach Voranmeldung unter Tel. 0251/49 53 22 | **LWL-Landesmuseum
für Kunst und Kulturgeschichte** www.lwl.org/LWL/Kultur/LWL-Landesmuseum-
Muenster; Öffnungszeiten: Di, Mi, Fr, Sa, So 10–18 Uhr, Do 10–21 Uhr; am 24., 25.
und 31. Dez. geschlossen, an Neujahr geöffnet.

70__ Insel Hombroich in Neuss

»Museumsinsel« – bei diesem Begriff denken die meisten zunächst an Berlin, an Pergamonaltar und Schinkel-Bauten. Doch auch das Rheinland hat eine Museumsinsel; kleiner, jünger und idyllischer als ihre pompöse Verwandte in der Hauptstadt. Die Rede ist vom Museum Insel Hombroich in Neuss, einem Freilicht-Kunstmuseum, das 1982 vom Düsseldorfer Kunstsammler Karl-Heinrich Müller ins Leben gerufen wurde. Inmitten einer romantischen Auenlandschaft wird dem Besucher hier zeitgenössische Kunst präsentiert. Teils direkt in der Natur, teils in Pavillons, die selbst architektonische Kunstwerke sind.

Anders als in anderen Museen sind die Werke hier jedoch nicht chronologisch oder nach Stilrichtungen angeordnet. Das Konzept der Insel setzt vielmehr auf Aha-Erlebnisse durch Kontraste und unerwartete Gemeinsamkeiten. Aus dem gleichen Grund sollten Sie als Besucher keine langen erklärenden Texttafeln erwarten. Auf der Insel sollen Sie die Kunst auf sich wirken lassen, statt sie nur zu besichtigen.

Inmitten dieses einzigartigen Umfeldes befindet sich zudem die »Kinder Insel Hombroich«, eine Kindertagesstätte, in der die Kleinen täglich neu Kunst, Kultur und Natur erleben können. Sollten Sie Interesse haben, Ihr Kind dort anzumelden: Viel Glück! In jedem Jahr werden nur drei bis fünf Plätze frei.

Gleich neben der Insel Hombroich erwartet Kunst- und Architekturfreunde ein weiteres Highlight: die Raketenstation Hombroich. Aus der ehemaligen NATO-Basis ist eine Kultureinrichtung mit Ateliers und Museen geworden; im Komplex der Langen Foundation werden regelmäßig wechselnde Kunstausstellungen präsentiert.

Die Stiftung Insel Hombroich, Träger von Insel und Raketenstation, plant noch weitere spannende Kulturorte im Umfeld der Insel, wiederholte Besuche lohnen sich also nicht nur wegen der sich stets wandelnden Natur rund um die Kunstwerke.

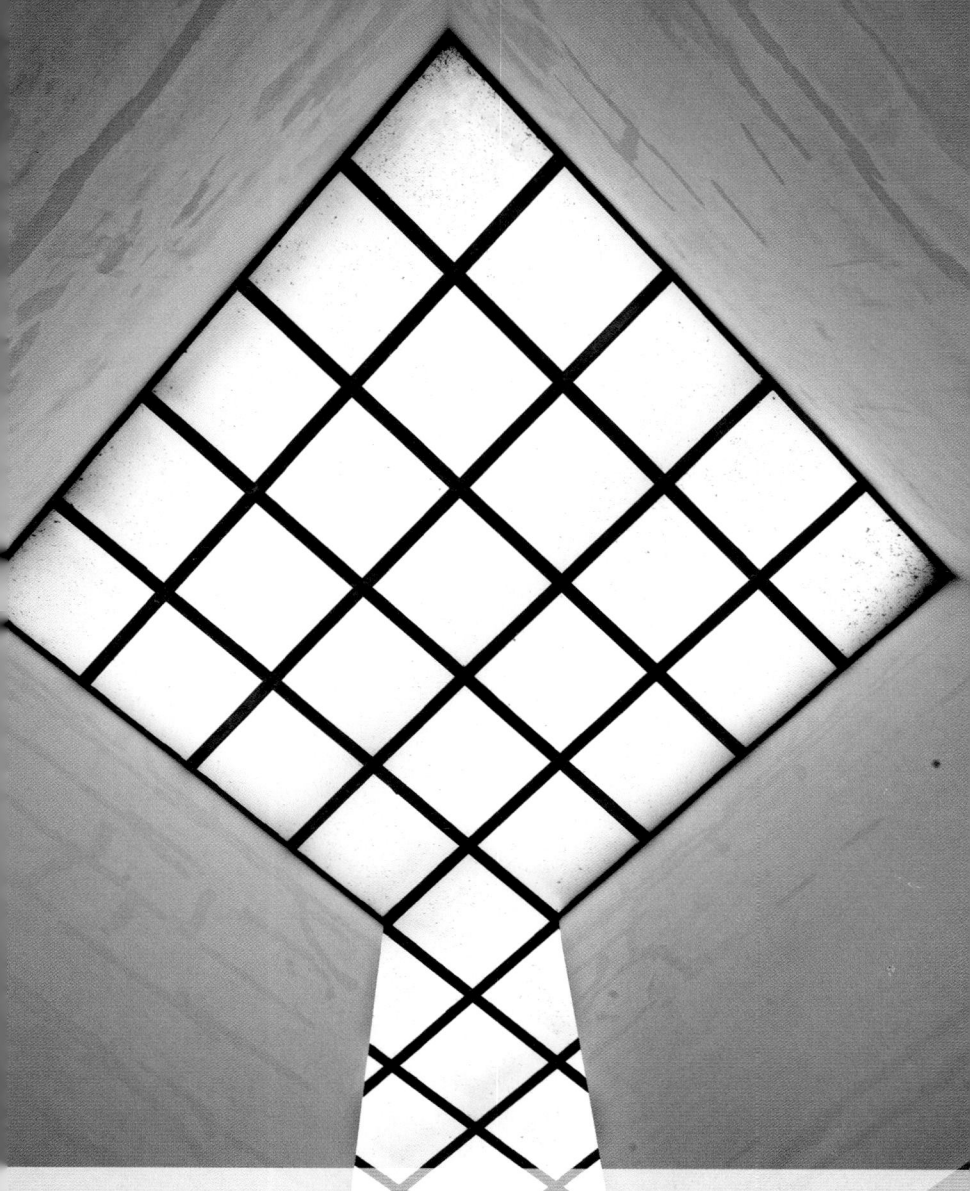

Adresse Minkel 2, 41472 Neuss-Holzheim, Tel. 02182/20 94, www.inselhombroich.de |
Öffnungszeiten täglich, auch Mo; 1. April bis 30. Sept. 10–19 Uhr; 1.–31. Okt. 10–18 Uhr;
1. Nov. bis 31. März 10–17 Uhr; geschlossen am 24., 25. und 31. Dezember und am
1. Januar; festes Schuhwerk wird empfohlen, Hunde können nicht mitgenommen werden. |
Langen Foundation Raketenstation Hombroich 1, 41472 Neuss, Tel. 02182/57 01-15,
www.langenfoundation.de.

71 __ Schloss Nordkirchen

Das barocke Wasserschloss Nordkirchen, aus gutem Grund auch das »westfälische Versailles« genannt, ist ein Schloss mit einem ganz eigenen Geist – und das in mehrfacher Hinsicht. Da ist zum einen die wörtliche Bedeutung: Der Sage nach ging hier die ruhelose Seele eines mittelalterlichen Finanzverwalters (!) um, der wohl auch nach seinem Tod das Pachteintreiben nicht lassen konnte. Ganz im Geiste dieses Geists wiederum dürfte die aktuelle Nutzung großer Teile des Schlossgebäudes sein, nämlich als Standort der Fachhochschule für Finanzen Nordrhein-Westfalen.

Ein Schöngeist betreibt hingegen den Schlossgasthof: Hier wirkt seit dem Jahr 2004 Franz L. Lauter, der sich nicht nur als Koch und Gastronom, sondern auch als Maler und Grafiker einen Namen gemacht hat und dessen Restaurant an den Betriebstagen ganz offiziell »immer bis der Geist kommt« geöffnet bleibt.

Als Besucher sollte man sich von diesem Geisterreichtum nicht erschrecken lassen. Im Gegenteil: Schloss Nordkirchen ist tatsächlich, wie der zugegeben wenig originelle Slogan auf der Schloss-Webseite behauptet, einen Besuch wert! Wenn nicht sogar mehrere Besuche. Ein Spaziergang in den ausgedehnten Parkanlagen lohnt zu jeder Jahreszeit; wer mehr über den Schlossgarten erfahren oder das Innere der Gebäude besichtigen möchte, kann an einer der regelmäßigen Führungen teilnehmen.

Sollte Ihnen ein Wasserschloss am Tag nicht reichen, bietet sich ein Ausflug zum nur wenige Kilometer entfernten Schloss Westerwinkel an. Die Landschaft zwischen den Schlössern, die sogenannte »Schlösserachse«, wird derzeit durch ein Wege- und Tourismuskonzept als Naturerlebnisgebiet erschlossen.

Wenn Sie dann nach einem langen, wasserschlossreichen Tag einen Blick zurückwerfen auf die prachtvollen Gebäude, die sich im Wasser des Burggrabens spiegeln, dann haben Sie für sich bestimmt auch ein wenig eingefangen vom Geist von Schloss Nordkirchen.

Adresse Schloss 1, 59394 Nordkirchen, Tel. 02596/97 24 72, www.schloss.nordkirchen.net | **Öffnungszeiten** Park: ganzjährig zugänglich, Schloss: nur geführte Gruppen; Schlossführungen: ohne Anmeldung sonn- und feiertags stündlich; Mai bis Sept. 11–17 Uhr; Okt. bis April 14–16 Uhr, mit Anmeldung: täglich 9–18 Uhr; Gartenführungen: ohne Anmeldung 1. So des Monats; April bis Sept. 15 Uhr, mit Anmeldung täglich 9–18 Uhr; Preis: 4 Euro pro Person | **Schlossrestaurant Lauter** www.lauter-nordkirchen.de, Mi–Sa ab 15 Uhr, So und feiertags ab 12 Uhr, immer bis der Geist kommt | **Projekt »Schlösserachse«** www.schloesserachse.de/projekte/schloesserachse/index.html.

72_ Naturschutzzentrum Haus Ripshorst in Oberhausen

Fast wären hier Industriebetriebe gebaut worden: Der Gehölzgarten des Naturschutzzentrums liegt auf einer ehemaligen sogenannten »Vorratsfläche« der Stadt Oberhausen, das heißt einer Fläche, die die Stadt für eventuelle industrielle Nutzung zurückgehalten hatte. Erst als klar war, dass die Arbeit nicht ständig davon bedroht sein würde, Fabriken weichen zu müssen, begannen Naturschützer damit, auf dem Gelände des ehemaligen Ritterguts eine stattliche Baumsammlung anzupflanzen.

Auf einer 2.000 Meter langen und 60 Meter breiten Gehölzfläche können die Besucher heute die Waldgeschichte der letzten 60 Millionen Jahre im Schnelldurchlauf nachvollziehen. Das Naturschutzzentrum hilft Ihnen auch, wenn Sie die verschiedenen Waldarten lieber in freier Natur besuchen wollen: Vor oder während Ihres Ausflugs bekommen Sie im Informations- und Ausstellungszentrum in der ehemaligen Scheune des Gutshofs vielfältige Informationen über Geschichte, Gegenwart und Zukunft des Emscher Landschaftsparks.

Gleich nebenan ist eine Fahrradstation, die es Ihnen ermöglicht, sofort loszuradeln, um den Park auch selbst zu erleben. Und das lohnt sich, denn auf den 450 Quadratkilometern warten eine Menge spannender Kunst-, Kultur- und Naturorte auf Sie. Wer keine Lust hat, das alles auf eigene Faust mit dem Fahrrad zu erkunden, kann sich auch informieren, an welchen Terminen Bus-Touren angeboten werden.

Interessantes finden Sie aber auch direkt hier am Haus Ripshorst: Regelmäßig werden Wanderungen, Exkursionen und Vorträge angeboten, um Kindern und Erwachsenen gleichermaßen die Natur nahezubringen. Und wenn Sie dann frühmorgens Vogelstimmen lauschen oder an einem späten Herbstnachmittag auf Pilzsuche gehen, dann werden auch Sie ganz schön froh sein, dass die Stadt Oberhausen hier keinen Industriebetrieb hingesetzt hat.

Adresse Haus Ripshorst, Ripshorster Straße 306, 46117 Oberhausen, Tel. 0208/883 34 83, www.rvr-online.de | **Öffnungszeiten** März bis Okt. Di–So, feiertags 10–18 Uhr; Nov. bis Feb. Di–So, feiertags 10–17 Uhr; Eintritt frei | **Emscher Landschaftspark** www.elp2010.de | **Fahrradverleih** www.revierrad.de, www.metropolradruhr.de.

73__ Bruchhauser Steine in Olsberg

Wenn der normalsterbliche Wandersmann einen Stein im Schuh hat, flucht er und schüttelt ihn aus. Wenn der liebe Gott vier Steine in seinem Schuh hat, fallen diese heraus – und fertig sind die Bruchhauser Steine. Das ist in etwa die Kurzfassung der Entstehungslegende dieser Felsformation, die aus Born-, Gold-, Raven- und Feldstein besteht und schon in vorchristlicher Zeit als heilig verehrt worden sein soll. Geologen haben eine weit prosaischere Erklärung parat: Der Großteil des Gesteins in dieser Gegend bestand aus weichem Tonschiefer, entstanden durch Ablagerungen eines urzeitlichen Meeres. Die vier Steine hingegen sind härteres Vulkangestein. Als die Erosion den Tonschiefer langsam abtrug, blieben die weithin sichtbaren Felsen zurück.

Doch das klärt nur den Ursprung der vier gewaltigen Felsen, nicht ihre weitere Geschichte. Funde lassen darauf schließen, dass sich hier Jahrhunderte vor Christi Geburt eine Kultstätte und Fluchtburg der Germanen befand. Genaueres ist leider nicht bekannt.

Heutzutage sind die Felsen zu einer ganz anderen Art der Fluchtburg geworden: Mehrere bedrohte Tierarten haben sich hier angesiedelt, etwa Uhu und Wanderfalke. Pflanzenfreunde können hier Exemplare der Alpen-Gänsekresse finden, die normalerweise nur in deutlich höheren Regionen wächst. Vermutlich kam die Population mit der letzten Eiszeit hierher und schaffte es, sich den steigenden Temperaturen anzupassen.

Aber keine Sorge: Als Wanderer benötigen Sie kein fundiertes Hintergrundwissen, um diese und die vielen weiteren Besonderheiten, die die Bruchhauser Steine bieten, zu erkennen: Das ganze Jahr über werden geführte Wanderungen angeboten. Doch auch ohne Führung ist der Zutritt zu den Steinen leider nicht kostenlos. Der moderate Eintrittspreis schützt das Boden- und Kulturdenkmal vor Vandalismus und finanziert seine Pflege und Erhaltung.

Adresse Schlosshof 1, 59939 Olsberg-Bruchhausen, Tel. 02962/976 70, www.stiftung-bruchhauser-steine.de | **Öffnungszeiten** 15. April bis 31. Okt. 9–18 Uhr; 1. Nov. bis 14. April 11–15 Uhr.

74_ Golfclub Weserbergland in Polle

Golfplätze sind in aller Regel kuriose Landschaftsstücke: Sie nehmen viel Raum ein, bieten aus naheliegenden Gründen große Grünflächen und werden von der großen Mehrheit der Nicht-Golfer aus ebenso naheliegenden Gründen vollkommen ignoriert. Denn Zutritt zu Golfplätzen haben gewöhnlich nur Menschen, die Golf spielen – und das ist wegen der Preise für Ausrüstung und Clubmitgliedschaft noch immer kein Sport für jedermann.

Auch der Platz des Golfclubs Weserbergland ist kurios, und zwar gleich in doppelter Hinsicht. Er liegt nicht nur in zwei Bundesländern zugleich – die Grenze zwischen NRW und Niedersachen führt mitten durchs Gelände am 5. Grün vorbei –, er ist auch noch das eigentlich Unmögliche: ein Clubplatz für jedermann.

Grund dafür ist ein Entschluss, den der Golfclub Weserbergland Polle-Hummersen e.V. bei seiner Gründung im Jahr 1982 fasste: Der eigene Platz sollte der schönste in Europa werden. Um das zu erreichen, pflanzte man nicht nur Bäume an, man bezog auch Streuobstwiesen in die Planung ein. Golfer können nun beim Wandern von Green zu Green einfach nach oben greifen und sich Äpfel oder Pflaumen pflücken.

Vor allem aber schuf man etwas weltweit Einzigartiges: den Skulpturenpfad »Golf ART Land«. Junge deutsche Künstler wurden eingeladen, große Arbeiten eigens für den Golfplatz zu schaffen.

Damit auch Nicht-Golfer diese Kunst besichtigen können, ist der Platz nicht abgesperrt und kostenlos zu betreten. Es empfiehlt sich aber, auf den ausgewiesenen Wegen zu bleiben – denn die Golfbälle sausen hier mit bis zu 200 Stundenkilometern durch die Hügellandschaft. Wenn Sie beim Besuch des Skulpturenpfades dann doch Lust bekommen sollten, selbst einmal einen Schläger in die Hand zu nehmen: Der Club informiert Sie gerne über Trainingsmöglichkeiten und Schnupperkurse.

Adresse Weißenfelder Mühle 2, 37647 Polle, Tel. 05535/88 42, www.golfclub-weserbergland.de.

75 Besucherbergwerk Kleinenbremen in Porta Westfalica

Ich weiß ja nicht, was Ihnen beim Stichwort »Bergwerk« als Erstes einfällt – Tauchen vermutlich eher nicht. In Kleinenbremen, einem Stadtteil von Porta Westfalica, liegt der Gedanke daran allerdings ziemlich nahe. Das kann man nämlich in der »blauen Grotte« des alten Erzbergwerks, einem unterirdischen See aus einrinnendem Regenwasser. Zwanzig Meter tief und acht Grad warm, im Sommer wie im Winter. Doch angehende Höhlentaucher brauchen nicht erst unter Wasser einen langen Atem: Die Tauchgänge im Bergwerk sind schon bis zu ein Jahr im Voraus ausgebucht.

Aber auch Landratten können sich in der alten Eisenerzgrube Kleinenbremen vergnügen. Hier, wo noch bis in die 1960er Jahre Erz abgebaut wurde, ist seit Mai 1988 ein einmaliges Ausflugsziel entstanden: Neben den erwähnten Tauchkursen und dem für einen solchen Ort nicht ungewöhnlichen Bergwerksmuseum werden unter anderem Grubenführungen in einem unterirdischen Triebwagen, Fossilienbestimmungskurse und immer wieder Konzerte, Märkte und Lesungen angeboten. Alternativ können Sie auch Ihre nächste Privat- oder Firmenfeier hier veranstalten; in einer Höhlenwelt, die so aussieht, als seien gerade erst Tolkiens Zwerge aus ihren Hallen verschwunden.

Wer den Grotten im Weserbergland komplett verfallen ist, kann dort unten sogar heiraten; zumindest falls Partner oder Partnerin genügend Verständnis für die Faszination aufbringen.

Letzteres lässt sich leichter in den Sommer- als in den Wintermonaten testen. Von November bis März müssen Sondertermine gemacht werden, um auf unterirdische Entdeckungsreise zu gehen, den Rest des Jahres über ist das Bergwerk regelmäßig geöffnet. Festes Schuhwerk und warme Kleidung sind bei der Erkundung ein Muss. Helme werden gestellt, und Hunde müssen leider draußen beziehungsweise oben bleiben.

Adresse Rintelner Straße 396, 32457 Porta Westfalica, Tel. 05722/902 23, www.besucher-bergwerk-kleinenbremen.de | **Öffnungszeiten** April bis Okt. Di, Do, Sa, So und feiertags ab 10 Uhr; Museum schließt um 17 Uhr; letzte Bergwerkseinfahrt 16 Uhr. | **Führungen unter Tage** sonntags auch ohne Anmeldung, an anderen Tagen nur nach vorheriger Anmeldung; März bis Nov. geschlossen, Sondereinfahrten nach Vereinbarung mögl. | **Nähere Infos zum Tauchen unter Tage** »Tauchsportcenter Der Trevpunkt«, An der Heide 8, Holzhausen II, 32479 Hille, Tel. 0571/398 59 60, www.trevpunkt.de.

76 Röntgenstadt Remscheid-Lennep

Lennep – das ist wieder einmal einer dieser Orte, von denen die meisten Menschen noch nie etwas gehört haben, obwohl es gute Gründe gäbe, ihn zu kennen. Lennep hat nämlich nicht nur enge Gassen mit malerischen Häusern im Stil des bergischen Barocks, Lennep hat auch Wilhelm Conrad Röntgen. Der erste Nobelpreisträger für Physik wurde hier geboren, und hier ist ihm auch das weltweit einzige Röntgen-Museum gewidmet.

Das markante Gebäude der alten Oelbermannschen Villa liegt am Rande der Altstadt und schließt direkt an den neuen gläsernen und edelstahlverkleideten Eingangsbereich des Museums an. Es zeigt eine weltweit einmalige Sammlung von Apparaturen zur Anwendung der »X-Strahlen«, wie Röntgen sie nannte. Der historische Teil, die Gedenkstätte mit vielen persönlichen Dingen aus dem Nachlass Röntgens, ist in einem schönen altbergischen Patrizierhaus eingerichtet.

Das Röntgen-Museum macht nicht nur schlau, es macht auch Spaß: Im Laufe der Jahre hat es sich zu einem modernen, interaktiv nutzbaren Museum für die ganze Familie entwickelt. Schulklassen aller Altersstufen können sich hier in Workshops mit den faszinierenden Strahlen auseinandersetzen. Audioguides bieten speziell auf Familien abgestimmte Informationen an, es gibt eigens auf Kindergeburtstage zugeschnittene Führungen, und für Ende 2011 ist die Eröffnung eines Museumslabors für Besucher geplant.

Führungen für Gruppen von maximal 15 Personen (auch in anderen Sprachen) können im Voraus gebucht werden, Einzelpersonen können sich der Familienführung anschließen, die an jedem Sonntag um 15 Uhr stattfindet. Daneben bietet das Museum auch besonders auf die Bedürfnisse von Senioren abgestimmte Führungen an.

Sie sehen: Lennep fährt einiges auf, damit seine Besucher auf ihre Kosten kommen. Fahren Sie also einmal hin, auch wenn Ihnen der Name bisher noch nichts gesagt hat. Es lohnt sich!

Adresse Deutsches Röntgen-Museum, Schwelmer Straße 41, 42897 Remscheid, Tel. 02191/ 16 33 84, www.roentgenmuseum.de | **Öffnungszeiten** Di–Fr 10–18 Uhr, Sa, So, feiertags 11–18 Uhr, Mo geschlossen.

77 _ Kloster/Schloss Bentlage bei Rheine

Haben Sie schon einmal etwas vom »Bentlager Dreiklang« gehört? Nein, das ist keine musikalische Errungenschaft, sondern ein Naherholungsgebiet im äußersten Nordwesten Nordrhein-Westfalens, nämlich bei Rheine. Der »Dreiklang« besteht – wenig überraschend – aus drei nahe beieinanderliegenden Attraktionen: aus dem Natur-Zoo Rheine, dessen über 1.000 Tiere aus fast 100 verschiedenen Arten jedes Jahr beinahe 300.000 Besucher anlocken; aus der ehemaligen Saline »Gottesgabe«, die bis 1952 betrieben wurde und noch heute an die jahrhundertealte Tradition der Salzgewinnung in dieser Gegend erinnert, und schließlich aus dem Ort, um den es uns hier geht, dem Kloster Bentlage.

Seit 1437 hatte der Orden vom Heiligen Kreuz an dieser Stelle ein Kloster. Die folgenden Jahrhunderte brachten einen mehrfachen wirtschaftlichen Auf- und Abstieg, bis die Anlage Anfang des 19. Jahrhunderts säkularisiert und zu einem Schloss umgebaut wurde. Auch wenn die Klosterkirche im Zuge des Umbaus abgerissen wurde: Bentlage ist das besterhaltene gotische Konventsgebäude eines ländlichen Klosters in Westfalen. Barocke und klassizistische Bauspuren verweisen auf die Bautätigkeit der Mönche und ihrer Nachfolger, einer belgischen Adelsfamilie, die das Kloster ab 1803 als Schloss nutzte. Seit Beginn der 1990er Jahre hat sich das Kloster Bentlage als ein wichtiges Zentrum für zeitgenössische Kunst im Münsterland etabliert. Zum einen mit der »Westfälischen Galerie«, die die Entwicklung der Moderne seit 1900 in Westfalen zeigt, zum anderen mit Werken bedeutender Künstler des In- und Auslandes, die in umfangreichen Sonderausstellungen präsentiert werden.

Die idyllische Lage nahe dem linken Emsufer und inmitten des Bentlager Walds macht das Kloster auch zum attraktiven Ziel für Radwanderer aus der ganzen Umgebung – besonders da NaturZoo und Saline praktisch direkt nebenan sind.

Adresse Bentlager Weg 130, 48432 Rheine, www.kloster-bentlage.de | **Öffnungszeiten** im Sommer Mi–So 10–18 Uhr; im Winter Mi–So 11–17 Uhr | **NaturZoo Rheine** www.naturzoo.de.

78 Der Rheinsteig

Wenn Sie diesen Tipp komplett in die Tat umsetzen wollen, brauchen Sie Ausdauer, gutes Schuhwerk und viel Zeit. Bei einer Wanderung entlang dem kompletten Rheinsteig, von Bonn über Königswinter und Bad Honnef bis Wiesbaden, würden Sie 320 Kilometer zurücklegen. Aber keine Sorge: Auch Tagesausflügler kommen auf diesem Pfad auf ihre Kosten, denn der Rheinsteig hat so viel zu bieten, dass sich das »Reinsteigen« an jeder Stelle lohnt.

Im Sendegebiet des WDR ist da beispielsweise die Burgruine Löwenburg auf dem Berg Löwenburg: 455 Meter über dem Meeresspiegel ragen die alten Mauern in die Höhe – dass man von dort oben einen atemberaubenden Blick hat, versteht sich von selbst.

Ebenso schön ist die Aussicht von einem anderen Siebengebirgsgipfel auf dem Rheinsteig: dem Petersberg. Auf dem befindet sich allerdings keine Ruine, sondern ein Luxushotel, das gleichzeitig auch als Gästehaus der Bundesrepublik Deutschland dient und im Laufe der Jahrzehnte zahlreiche wichtige Politiker beherbergen durfte. Falls Sie Sport interessanter finden als Politik: In der sehenswerten Barockkapelle auf dem Petersberg heiratete seinerzeit Michael Schumacher.

Das sind nur zwei Beispiele aus der langen Liste an Sehenswürdigkeiten, die den Wanderer auf dem Rheinsteig erwarten. Daneben können Sie zum Beispiel zur Loreley, Burg Hammerstein oder Burg Maus emporwandern oder in einem der zahlreichen Gasthäuser am Wegesrand einkehren oder übernachten.

Die Webseite des Rheinsteigs bietet Ihnen umfangreiche Hilfsmittel, um kurze oder lange Wandertouren zu planen; allein die Informationen zu den Sehenswürdigkeiten kommen etwas zu kurz. Dafür sind aber Höhenprofile, voraussichtliche Laufzeiten und vieles mehr nur einen Mausklick entfernt.

Neugierig geworden? Dann schnell die Wanderschuhe an und ab auf den Rheinsteig.

79__Kupfersiefertal bei Rösrath

»Hinger Kölle fängt der Dschungel an«, lautet ein beliebter Hit der Kölner Gruppe »Die Höhner«. Das mag objektiver Betrachtung nicht standhalten. Sicher ist aber: Knapp hinter dem Möbel-Parkhaus-Businesshotel-Chaos des Köln-Bonner Flughafens fängt plötzlich wunderbare Landschaft an.

Gemeint ist das Kupersiefertal im Naturpark Bergisches Land, das sich von Menzlingen aus nach Nordosten bis nahe Lüghausen schlängelt. Seinen Namen hat es von eher erfolglosen Versuchen, in dieser Gegend Kupfer abzubauen.

Besonders groß ist das Tal nicht – vom einen Ende zum anderen sind es knappe drei Kilometer –, doch es ist eine Welt für sich. Auch wenn nur wenige Autominuten entfernt Flugzeuge nahe der viel befahrenen A3 starten und landen, hier hört man nur das Plätschern des Bachs, das Zwitschern der Vögel und das Rauschen der Laubbäume. Und gerade dadurch, dass es so klein ist, lädt das Kupfersiefertal zu Kurzausflügen ein, um nach einem hektischen Arbeitstag einfach mal allen Stress hinter sich zu lassen.

Inmitten des Tals liegt eine alte Wassermühle, erstmals erwähnt im 18. Jahrhundert, die allerdings im 19. Jahrhundert auch noch als Schnapsbrennerei fungierte. Heute befindet sich in dem knorrigen Gebäude die »Event- und Tagungslocation« Kupfersiefer Mühle. Wie der Name vermuten lässt, werden statt Individualreisender eher Seminargruppen und Familienverbände umworben.

Doch eigentlich brauchen Sie hier auch gar keine eigene »Event-Location«, denn im Kupfersiefertal ist die »Location« schon »Event« genug: Setzen Sie sich auf eine Bank am Wegesrand, lehnen Sie sich zurück, schließen Sie die Augen und genießen Sie die Natur – und das alles nur 20 Autominuten von Köln entfernt und nicht im Dschungel, sondern im Kupfersiefertal.

Adresse Kupfersiefer Mühle, Event- & Tagungslocation, Großheckerweg 31, 51503 Rösrath (Parkmöglichkeiten vorhanden), www.kupfersiefermuehle.de.

80__ Sassenberger Brook

Wer aufmerksam durch die Straßen von Sassenberg spaziert, wird sich etwas wundern: Da ist eine Schlossstraße, aber nirgendwo ein Schloss. Stattdessen eine große Fabrikanlage aus dem 19. Jahrhundert und ein recht verwilderter Wald. Wie kommt's?

Sie haben es vielleicht bei der bisherigen Lektüre dieses Buches schon gemerkt: In Nordrhein-Westfalen gibt es in der Regel zwei Hauptverdächtige für ungewöhnliche historische Entwicklungen: die Römer und Napoleon. Im Falle Sassenberg war's wieder mal der Franzosenkaiser.

Ziemlich genau dort, wo heute die großen Gebäude der ehemaligen Gebrasa-Spinnerei stehen, besaß einst der Münsteraner Fürstbischof ein prachtvolles und wehrhaftes Residenzschloss. Da Fürstbischöfe und militante Säkularisierer nicht gut zusammenpassen, hatte sich das mit dem Residieren aber ab dem frühen 19. Jahrhundert erledigt, und bald darauf wurde hier ebenjene Spinnerei errichtet, die noch heute an dieser Stelle steht.

Doch die Spuren der alten Pracht sind nicht komplett verschwunden: Es ist kein Zufall, dass die Hessel, die seinerzeit als Burggraben diente, hier schnurgerade verläuft und nördlich der Fabrik im rechten Winkel abknickt. Und wer die Brookstraße entlang nach Osten geht, hindurch unter längst verwilderten Bäumen einer alten Allee, der landet im Sassenberger Brook – einst ein prächtiger Barockgarten, heute ein Naturschutzgebiet mit seltenen Pflanzen wie der Schachblume.

Noch heute lassen sich Reste der alten Anlagen entdecken, wenn man zu suchen weiß: Ein ausgedehntes Wassergrabensystem sollte zum Beispiel einst jagbare Wildenten anlocken, Erdwälle markieren die Umgrenzung des alten Fasanengeheges.

In gewisser Weise ist der Brook typisch für Sassenberg: Auf den ersten Blick ist das Besondere nicht sichtbar, doch plötzlich wird es spannend, wenn man nur seine Geschichte kennt.

Adresse Standort des alten Schlosses: Schlossstraße 1, 48336 Sassenberg.

81__ Karst- und Heidegebiet Senne

»Gott schuf in seinem Zorn / die Senne bei Paderborn« – dieser Spruch soll traditionell unter Soldaten die Runde machen. Aus ihrer Sicht verständlich, denn ein großer Teil der ostwestfälischen Heidelandschaft dient seit 1880 als Truppenübungsplatz, der wegen seines sandigen Bodens das Marschieren nicht gerade erleichtert.

Das sollte zivile Wanderer aber nicht abschrecken. Etwa 134 Quadratkilometer der Senne werden nicht militärisch genutzt, kommen also gänzlich ohne Panzer und Häuserkampfübungen aus, und bei gemütlichem Wandertempo strengt auch der Sand nicht so an wie beim zackigen Marsch. Bis zum Jahr 2020 will sich das Militär komplett zurückziehen, sodass auch das ehemalige Übungsgelände in ein Naturschutzgebiet umgewandelt werden kann.

Naturschutzgebiete gibt es auch jetzt schon zahlreiche in der Senne, und die karge Sandbodenlandschaft entwickelt mit ihren kurzen Kiefern und robusten Gräsern einen eigenen, typisch westfälischen Charme. Wer genauer hinschaut, entdeckt hinter der rauen Fassade zahlreiche seltene Tier- und Pflanzenarten, die sich hier in aller Ruhe ansiedeln konnten: Libellen, Spechte und Fledermäuse ebenso wie Hunderte von Schmetterlingsarten und Insekten mit kuriosen Namen wie »Waldbrettspiel« oder »Verkannter Grashüpfer«.

Eine informative Webseite (siehe Infokasten) macht es dem Besucher einfach, die Attraktionen der weitläufigen Landschaft zu entdecken: Zielvorschläge, Landkarten, GPS-Touren, Podcasts und viele Hintergrundinformationen erleichtern die Reisevorbereitung und machen Lust darauf, die Gegend zu besuchen. Sei es als Tagesausflügler oder, wenn man etwas mehr Zeit mitbringt, als Besucher eines der dreizehn Campingplätze, die über die Landschaft verteilt liegen.

Doch egal ob kurz oder lang: Die Senne ist eine Erkundung wert.

Adresse Beispielziele: Bullerbachquelle, Travestraße, 33689 Bielefeld | **Rieselfelder Windel** Niederheide 63, 33659 Bielefeld, www.rieselfelder-windel.de; weitere Informationen: www.senne-portal.de.

82 Der Müngstener Brückenpark an der Wupper in Solingen

»Was die Franzosen können, das können wir auch!« Diesen Satz soll man Ende des 19. Jahrhunderts immer wieder gehört haben, als darüber diskutiert wurde, ob zwischen Remscheid und Solingen Deutschlands höchste Eisenbahnbrücke entstehen sollte. Und sie sollte: 107 Meter hoch, 465 Meter lang – länger, als der Eiffelturm in Paris hoch ist. Bis zu zehn Meter lange Balkone erlauben phantastische Ausblicke auf den Fluss. Doch auch von unten lohnt sich der Ausblick: Aus der ganzen Welt kommen die Menschen in das enge Tal der Wupper, um die ebenso filigrane wie beeindruckende Bogenkonstruktion auf sich wirken zu lassen.

Bis ins Jahr 2006 war diese Sehenswürdigkeit eher ein Geheimtipp – doch dann eröffnete der Müngstener Brückenpark, der neben Brückenblick und Naturerlebnis auch noch eine Handvoll anderer Attraktionen für die Besucher bereithält. Besonders beliebt ist die Wupper-Schwebefähre. Auf dieser Draisinen-ähnlichen Drahtseilbahn können Wanderer mit Muskelkraft von einem Flussufer zum anderen fahren. Die Brücke selbst steht zwar unter Denkmalschutz, wird aber noch genutzt: Die Strecke Wuppertal–Solingen verläuft über sie. Allerdings musste der Zugverkehr im Winter 2010/2011 vorübergehend eingestellt werden, um eine Sanierung des Bauwerks zu ermöglichen.

Es ist nicht bekannt, ob dabei auch endlich ein Geheimnis der Müngstener Brücke gelüftet wurde: das des Goldenen Niets. Der Legende nach soll bei den Bauarbeiten zwischen 1895 und 1897 irgendwo in dem Stahlgerüst der Brücke ein Niet aus purem Gold eingebaut worden sein. Ein Niet von insgesamt fast einer Million, die glühend heiß in den Stahl getrieben worden sind. Doch selbst wenn die Suche letztlich erfolglos bleiben sollte, so ist ein Besuch im Müngstener Brückenpark keinesfalls umsonst. Das heißt, in einer Hinsicht ist er auf jeden Fall umsonst. Der Eintritt in den Park ist nämlich frei.

Adresse Müngstener Brückenweg 71, 42659 Solingen, www.brueckenpark-muengsten.de.

83 Schloss Burg in Solingen

Geben Sie es ruhig zu: Wenn Sie auf der Autobahn am Hinweis-schild zu Schloss Burg vorbeigefahren sind, hatten Sie auch schon den Drang, über den kuriosen Namen zu witzeln. Um also das hinter uns zu bringen, hier gleich vorweg ausreichend Munition, um diverse Kalauer zu basteln: Schloss Burg ist eine zum Schloss umgebaute Burg, die die Grafen von Berg anstelle der Berger Burg bezogen. Alles klar?

Nachdem das aus dem Weg ist, können wir uns spannenderen Dingen widmen – vor allem dem Gebäude selbst. Auch wenn die Ursprünge der Anlage bis ins 12. Jahrhundert zurückreichen, ist das aktuelle Erscheinungsbild dem historisierenden Zeitgeist des ausgehenden 19. Jahrhunderts zu verdanken.

Damals wurden die Gebäude mühevoll instand gesetzt, nachdem sie nach umfangreichen Zerstörungen im Dreißigjährigen Krieg zwischenzeitlich auch schon einmal als Steinbruch genutzt worden waren. Auch die farbenprächtigen Wandgemälde im Rittersaal entstanden erst im Rahmen des Wiederaufbaus – was Szenen wie der Ermordung Engelberts von Berg allerdings nichts von ihrer Eindrücklichkeit nimmt.

Überhaupt sollte man sich nicht zu sehr an der mangelnden Authentizität der gesamten Anlage stören: Die Rekonstruktion mag nicht überall den strengen Maßstäben moderner Historiker gerecht werden, sie eignet sich aber wunderbar, um für ihre jährlich beinahe 200.000 Besucher das Mittelalter lebendig werden zu lassen. Besonders gelingt das im Rahmen der zahlreichen Märkte, Ritterspiele und sonstiger Veranstaltungen, die vor allem in den Sommermonaten in den alten Mauern stattfinden und der ganzen Familie ein viel intensiveres Erleben jener Zeit ermöglichen, als es ein reines Museum könnte.

Und wer besonderes Glück hat, kann sich hier auch heute noch zum Ritter von Schloss Burg schlagen lassen. Und das hat doch einen guten Klang – trotz des ungewöhnlichen Namens.

Adresse Schlossplatz 2, 42659 Solingen, Tel. 0212/24 22-611, www.schlossburg.de |
Öffnungszeiten Mo 13–18, Di–So 10–18 Uhr, von Nov. bis Feb. gelten abweichende
Öffnungszeiten, Informationen dazu bietet die Webseite. Zu diversen Terminen
finden öffentliche Führungen sowie Vorführungen der historischen Spur-0-Modell-
eisenbahn im Bergfried statt.

84___ Der Wipperkotten in Solingen

Solingen ist berühmt für seine Messer und Scheren – so berühmt, dass es im Markenrecht sogar eine eigene »Solingenverordnung« zum Schutz des Ortsnamens als Herkunftsbezeichnung gibt. Der Ruf der Solinger Messer liegt in langer Tradition begründet – und ein Ort, der beispielhaft für diese Tradition steht, ist der romantisch gelegene Wipperkotten. Einer der letzten Orte sogar, denn die meisten wasserbetriebenen Schleifkotten in diesem Gebiet haben die Zeit nicht überdauert.

Auch dem Wipperkotten, erstmals 1609 erwähnt und so benannt nach dem alten Namen für den Weinsberger Bach, drohte das Aus: Im 17. und 18. Jahrhundert brannten seine Gebäude jeweils teilweise ab, im 20. Jahrhundert kauften Stromfirmen eines der Häuser auf, um die Wasserkraft als Konkurrenz für ihr Produkt zu schwächen (Parallelen zur aktuellen Energiedebatte möge der geneigte Leser bitte selbst ziehen).

Nach komplizierten Besitzerwechseln, einem nur knapp verhinderten Abriss in den 1950er Jahren, Denkmalschutz und aufwendiger Sanierung und Restaurierung ist der Wipperkotten heute ein Wahrzeichen Solingens. Und das gleich in doppelter Ausführung: Der Mitte des 19. Jahrhunderts errichtete Innenkotten wird als Wohnhaus genutzt und beherbergt ein kleines Museum, das interessierte Besucher nach Voranmeldung besichtigen können. Im anderen Gebäude sitzen noch heute Schleifer an wassergetriebenen Maschinen und produzieren im Auftrag lokaler Firmen Schneidewerkzeuge.

Zwischen April und Oktober gibt es regelmäßige Besichtigungszeiten, daneben können nach Anmeldung aber auch Besuche an anderen Tagen vereinbart werden, damit sich jeder selbst ein Bild davon machen kann, wie sie damals produziert wurden: die Messer und Scheren, für die Solingen so berühmt ist.

Adresse Wipperkotten, 42699 Solingen, Tel. 0212/247 39 58, www.wipperkotten.de |
Schleiferei www.schleiferei-wipperkotten.de, geöffnet von April bis Okt. jeweils am
1. und 3. So des Monats von 14–16 Uhr | **Museum** Besichtigung nur nach Anmeldung
unter Tel. 0212/81 16 82.

85 Stadt Blankenberg mit Burgruine

Stadt Blankenberg ist vieles – malerisch, gut erhalten, sehenswert und komplett unter Denkmalschutz, nur eines ist es trotz des Namens nicht: eine Stadt. Schuld daran ist wieder einmal Napoleon. Seinetwegen fiel das Herzogtum Berg einst an Frankreich, und die Franzosen machten aus der traditionsreichen Burgstadt glatt eine schnöde Gemeinde, die unter die Verwaltung Hennefs gestellt wurde.

Napoleons Truppen gingen, die Reform blieb und wurde für die Blankenberger immer schlimmer: Aus der Gemeinde wurde nun gar nur noch ein Ortsteil. Doch als Verbeugung vor Blankenbergs Vergangenheit wurde immerhin 1953 der Name in »Stadt Blankenberg« geändert.

Eigentlich war das eine unnötige Geste, denn die knapp siebenhundert Blankenberger haben die Geschichte ihrer Stadt stets vor Augen: Der Dorfkern wird von Fachwerkhäusern dominiert, alte Stadttürme prägen das Panorama, und über allem wacht die vergleichsweise gut erhaltene Ruine der mittelalterlichen Burg Blankenberg, die Besuchern einen wunderbaren Blick über das Siegtal beschert.

Wer seine Geschichtsnachhilfe lieber etwas konzentrierter in Form von Museen mag, hat in Stadt Blankenberg zwei davon zur Auswahl, beide klein, aber unter liebevoller Betreuung ehrenamtlicher Mitarbeiter. Die Rede ist vom Turmmuseum im Katharinentor und vom Weinbaumuseum im Runenhaus. Geöffnet sind sie an Sonntagnachmittagen in den Sommermonaten. In den Wintermonaten hingegen, wenn es schon früh dunkel wird, werden regelmäßig Nachtwächterführungen durch die Gassen der Altstadt angeboten – auch eine spezielle Kindervariante ist dabei.

Mit Blick auf all diese Attraktionen interessiert die Frage, was Stadt Blankenberg denn nun ist – Stadt, Gemeinde oder Ortsteil –, eigentlich nur ganz am Rande. Denn eines ist es ganz gewiss: ein lohnendes Ausflugsziel.

Adresse www.stadt-blankenberg.de; Parkmöglichkeit: Steiner Mühle, Am Burghart 10, 53773 Hennef | **Öffnungszeiten** Burg Blankenberg: April bis Sept. Di–So 10–18 Uhr, im März und Okt. witterungsbedingte Öffnung | **Nachtwächterführungen** Termine und Anmeldung: Tel. 02242/194 33.

86 Tecklenburg

Heutzutage kommt ja kaum eine Stadt in ihrer Öffentlichkeitsarbeit ohne einen Beinamen aus, und so hat sich auch Tecklenburg ein Attribut zugelegt: »Balkon des Münsterlandes«. Damit ist nicht gemeint, dass man dort leere Bierkisten und den Gartengrill aufbewahren kann. Der Name spielt auf Tecklenburgs Lage auf dem Höhenzug des Teutoburger Waldes an: 200 Meter über dem Meeresspiegel – Kneipp- und Luftkurort und das nördlichste Bergstädtchen Deutschlands. Bei klarer Sicht bietet sich von hier ein wunderbarer Blick über die Landschaft des Münsterlands; mit etwas Glück kann sogar der Dom zu Münster ausgemacht werden.

Doch man muss den Blick gar nicht in die Ferne schweifen lassen, auch der Ort selbst hat viel zu bieten. Da sind zum Beispiel die Fachwerkgassen der Altstadt. Wem es nicht reicht, ihren verwinkelten Charme auf eigene Faust zu entdecken, der hat die Auswahl zwischen einer ganzen Reihe verschiedener Stadtführungen, die das ganze Jahr hindurch angeboten werden.

Am Rande des Ortes steht das Wasserschloss Haus Marck, in dessen idyllischer Umgebung im Jahr 1643 die Vorverhandlungen zum Westfälischen Frieden stattfanden. Und dann gibt es natürlich noch oben auf dem Burgberg die Ruine der Burg Tecklenburg, Namensgeberin des Ortes. Regelmäßige Führungen erlauben Zutritt zu den unterirdischen Bastionsgängen. Oben im ehemaligen Burghof wird derweil an vielen Sommerabenden Freilichttheater gespielt: Auf einer aufwendigen Bühne werden jedes Jahr Musicals zum Besten gegeben – Vorbestellungen für die Karten sind dringend anzuraten!

Falls der Blick vom Burgberg auf die münsterländische Landschaft aber doch Ihr Fernweh geweckt haben sollte, können Sie zwischen zahlreichen Wanderwegen in der Umgebung wählen – vom vier Kilometer langen »Hexenpfad« bis hin zum Hermannsweg, der sich westlich bis nach Rheine und östlich bis jenseits des Hermannsdenkmals erstreckt – über eine Gesamtlänge von 156 Kilometer!

Adresse Tecklenburg, www.tecklenburg.de; Parkmöglichkeit: Howesträßchen 2, 49545 Tecklenburg | Informationen zu Führungen www.tecklenburg.de | Freilicht-bühne www.buehne-tecklenburg.de | Hermannsweg www.hermannshoehen.de.

87__Lichtkunstmuseum Unna

Der Name Unna ist weithin bekannt. Leider meist aus dem falschen Grund: Millionen Deutsche verbinden mit Unna hauptsächlich Autobahnkreuz und Rasthof. Dabei hat die Kreisstadt beileibe mehr zu bieten.

Neben einer ganzen Reihe historischer Bauten in der Altstadt und romantischen Stadtmauerteilen ist vor allem eine Institution hervorzuheben: das im Jahr 2001 eröffnete »Zentrum für internationale Lichtkunst«, weltweit das einzige Museum für Lichtgestaltung.

In den Kellerräumen der alten Lindenbrauerei werden neben den zwölf Installationen der Dauerausstellung, die direkt für die Räume, in denen sie präsentiert werden, entworfen wurden, auch regelmäßig wechselnde Exponate gezeigt; doch allein die reguläre Sammlung rechtfertigt mehr als einen Besuch. Denn die Lichtkunst, die hier zu sehen ist, hat nichts mit gefälligen Leuchtobjekten an der Wand zu tun. Diese Installationen nutzen Licht, um die Wahrnehmung der Räume zu verändern und den Betrachter selbst zum Teil der Kunstwerke zu machen.

Eine Besichtigung ist nur im Rahmen von Führungen möglich; diese starten täglich außer montags mindestens dreimal. Achtung: Sehr kleine Kinder könnten sich bei überraschenden Blitzen und plötzlicher Dunkelheit an der einen oder anderen Stelle schon etwas gruseln. Für ältere Kinder, etwa ab der zweiten oder dritten Grundschulklasse, ist das Lichtkunstmuseum aber bestens geeignet, es werden auch spezielle Kinderführungen angeboten.

Wer nach dem Besuch des Museums Lust auf noch mehr Lichtkunst bekommen hat, kann im Rahmen des Projekts »Hellweg – ein Lichtweg« weitere Lichtkunstinstallationen besuchen. Und er sollte anderen von diesem Museum erzählen, damit der Name Unna nicht auf ewig mit einem Autobahnkreuz in Verbindung gebracht wird.

Adresse Zentrum für internationale Lichtkunst, Lindenplatz 1, 59423 Unna, www.lichtkunst-unna.de | **Öffnungszeiten** öffentliche Führungen: Di, Mi, Fr 14, 15.30 und 17 Uhr, Do 14, 15.30, 17 und 18.30 Uhr, Sa, So und feiertags 13, 14, 15, 16 und 17 Uhr; Mo geschlossen; Gruppen ab 10 Personen werden gebeten, sich für eine individuelle Führung anzumelden. | **»Hellweg – ein Lichtweg«** www.hellweg-ein-lichtweg.de.

88 Die Sägemühle in Velen-Ramsdorf

Alte Mühlen gibt es in Westfalen ja eine Menge, alte Sägemühlen hingegen eher selten. Ende des 19. Jahrhunderts ließ Graf Max von Landsberg-Velen in Velen-Ramsdorf ein landwirtschaftliches Mustergut errichten, das Gut Ross. Zu diesem gehörte auch das Sägemühlenhaus – eine architektonisch ziemlich kurios anmutende Konstruktion irgendwo zwischen Backstein, Fachwerk und Kirchturm.

Bis ins Jahr 1972 leistete die wassergetriebene Mühle ihre Dienste, dann fiel sie dem Fortschritt zum Opfer und stand jahrzehntelang still. Bis der Velener Heimatverein Hand anlegte und die alte Konstruktion wieder flottmachte. Und so können Besucher jetzt in der warmen Jahreszeit an jedem Sonntag staunend zusehen, wie 10.000 Liter Wasser pro Stunde durch die Turbinenschaufeln toben und die Sägevorrichtung mit circa 27 PS antreiben. Ach ja: Sägen können Sie natürlich auch.

Eine weitere Sehenswürdigkeit auf dem Gelände der Sägemühle ist die alte Lokomobile – eine bewegliche Dampfmaschine –, die kürzlich vom Heimatverein in Empfang genommen und ebenfalls liebevoll restauriert wurde.

Die alte Sägemühle ist Bestandteil der »Lebendigen Museen« rund um Velen. Dieses Projekt soll den Besuchern alte Kultur- und Handwerkstechniken der Gegend an Originalschauplätzen anschaulich vorführen und vermitteln. Neben der Sägemühle gehören dazu zum Beispiel eine alte Dreschmaschine und ein Kartoffelacker zum Miternten. Jeder Museumsstandort kann unabhängig von den anderen besucht werden, wer aber an allen Standorten interessiert ist, kann eine vergünstigte Sammelkarte erwerben.

Bei schönem Wetter bietet sich eine Fahrradrundtour an. Eine 21 Kilometer lange Route führt durch die münsterländische Landschaft an allen Standorten vorbei und wieder zurück zum Ausgangspunkt.

Adresse Sägemühle Velen-Ramsdorf, Heidener Straße 51, 46342 Velen, Tel. 02863/ 92 62 19, www.lebendige-museen.de | **Öffnungszeiten** April bis Okt. So 14–17 Uhr oder nach Vereinbarung.

89 Warburg

Städte mit identischen Namen gibt es in Deutschland ja häufiger. Prominentestes Beispiel sind sicherlich Frankfurt am Main und an der Oder. Doch bis ins 15. Jahrhundert hinein gab es nordöstlich des Sauerlands ein Kuriosum: zwei Städte namens Warburg, die direkt nebeneinanderlagen. Die ältere im Tal, die jüngere unmittelbar daneben auf dem Berg. Ursache für das doppelte Örtchen waren, wie nicht anders zu erwarten, politische Rivalitäten. Im Jahr 1436 wurde der Scharade mit dem Zusammenschluss beider Städte ein Ende gemacht. Zumindest teilweise. Es dauerte fast anderthalb Jahrhunderte, bis sich die neue Stadt auf ein gemeinsames Rathaus einigen konnte; in der Zwischenzeit wechselten die Ratsversammlungen regelmäßig alle sechs Monate von einem der beiden alten Rathäuser ins andere.

Die merkwürdige Vergangenheit der Hansestadt ist heute ein echter Glücksfall für Warburg: Schließlich kann es so gleich mit zwei wunderschönen Altstädten auftrumpfen, in denen sich einige der ältesten Fachwerkhäuser Nordrhein-Westfalens befinden. Daneben wartet Warburg mit beeindruckenden Kirchen sowie einer überraschend hohen Anzahl von Klöstern auf, von den diversen Burgen und Schlössern in unterschiedlichen Erhaltungszuständen ganz zu schweigen. Fürs leibliche Wohl gibt es daneben auch noch eine flüssige »Sehenswürdigkeit«: Seit dem Mittelalter wird in Warburg Bier gebraut.

Wer möchte, kann hier auch allerlei Veranstaltungen besuchen. Sei es das traditionelle Kälkenfest im Spätsommer oder das trotz seines Namens eher moderne »Mittelalter Spektakel« im April: Die Warburger haben schon lange entdeckt, dass sich in ihrer idyllischen Stadt gut feiern lässt. Und wem der Sinn eher nach Bildung steht, der nimmt stattdessen an einer der angebotenen Stadtführungen teil oder besucht das Museum im Stern, das in einem ehemaligen Adelshof in der Neustadt über die Stadtgeschichte informiert.

Sie sehen: Auch wenn es einmal zwei Warburgs gab – heute gibt's nur eines, und das ist einzigartig.

Adresse Warburg, www.warburg.de; »Museum im Stern«, Sternstraße 35, 34414 Warburg, Tel. 05641/74 19 88 | Öffnungszeiten Di–So 14.30–17 Uhr, Mo geschlossen.

90 __ Schloss Wissen in Weeze

Weeze am Niederrhein – spätestens seit eine Billigfluggesellschaft den dortigen Flughafen zu ihrem Ziel gemacht hat, ist die 10.000-Einwohner-Gemeinde überregional bekannt. Doch die meisten der mehr als zwei Millionen Passagiere, die dort landen, fahren sofort weiter nach Düsseldorf, Köln oder in andere nahe gelegene Städte. Das ist schade, denn so entgeht ihnen so manche Sehenswürdigkeit, die der kleine Ort zu bieten hat.

Zum Beispiel das Schloss Wissen. Die ältesten Teile des Schlosses wurden im 14. Jahrhundert errichtet, und seit dem 15. Jahrhundert befindet es sich im Besitz der Familie von Loë, deren Stammsitz es bis heute ist.

Da der Hausherr das Schloss bis heute bewohnt, ist das Innere normalerweise nicht für Besucher zugänglich. Eine Ausnahme ist das Parkfest, das jedes Jahr am zweiten Sonntag im Juli stattfindet: An diesem Tag bietet der Hausherr Führungen durch die drei historischen Säle an, die die Jahrhunderte unbeschadet und unverändert überstanden haben.

Fromme Naturen können auch eine der regelmäßig stattfindenden Messen in der neugotischen Schlosskapelle besuchen und die wertvollen Fenster und Verzierungen bewundern.

Ansonsten bleibt Besuchern nur der Blick von außen, doch der ist schon eindrucksvoll genug: Beim Spaziergang durch die Höfe von Vor- und Hauptburg, den Schlosspark oder vorbei an den vielen Nebengebäuden kann man sich selbst ein wenig wie ein Schlossherr fühlen.

Apropos Nebengebäude: In denen können Sie sogar wohnen. Der Schlossherr hat sie zu luxuriösen Hotelzimmern und Appartements ausbauen lassen, die sich wunderbar für ein romantisches Wochenende eignen. Oder vielleicht auch als Auftaktquartier für die Flitterwochen, bevor es dann vom Flughafen Weeze aus auf Hochzeitsreise geht.

Adresse Schloßallee 26, 47652 Weeze-Wissen, www.schloss-wissen.de | **Hotel**
Tel. 02837/96 19-0, www.hotel-schloss-wissen.de.

91 Strandkörbe an der Schwalm in Wegberg

Was ist ein Strandkorb ohne Strand? Nein, nicht einfach nur ein schnödes Korbsitzmöbel. Sondern ein wunderbares Ausflugsziel! Zumindest dann, wenn er an einem so schönen Ort steht wie die Strandkörbe, um die es hier geht, nämlich am Weiher hinter der Molzmühle im Schwalmtal.

Sandburgen bauen kann man hier zwar nicht, dafür aber wunderbar eine Ruhepause einlegen, wenn man an der Schwalm entlangwandert. Dabei handelt es sich übrigens um einen Nebenfluss der Maas, der westlich von Mönchengladbach in Richtung Niederlande fließt; nicht zu verwechseln mit dem hessischen Fluss gleichen Namens.

Und auch wenn diese Schwalm mit ihren 32 Kilometern auf deutschem Gebiet keine Längenrekorde aufstellt, eine Wandertour an ihr entlang lohnt sich: In diesem einzigartigen Lebensraum lassen sich, mit etwas Geduld, Glück und Scharfblick, viele seltene Tier- und Pflanzenarten beobachten. Da surren Libellen, hüpfen Frösche und tauchen Eisvögel.

Wer Tiere nicht nur sehen, sondern auch fangen will, ist beim Angelpark an der Molzmühle richtig, wo Freunde der Fischerei ihrem Hobby ganzjährig in vier verschiedenen Seen nachgehen können. Wer kein Angelglück oder keine Muße zum Fischen hat, kann stattdessen auch im angeschlossenen Restaurant essen oder sich Frisch- oder Räucherfisch zum Mitnehmen kaufen.

Ein rustikaleres Ambiente für die verdiente Stärkung nach der Wanderung bietet die Molzmühle selbst: Restaurant und Biergarten offerieren deftige Hausmannskost inmitten der urigen Mühlenkonstruktion. Und wer sich so gar nicht von der Mühle trennen mag, der kann sich in eines der zwölf Hotelzimmer einmieten, um sich dann auch am nächsten Tag wieder entspannt in den Strandkorb draußen am Weiher neben der Mühle zu setzen.

Adresse Molzmühle, In Bollenberg 41, 41844 Wegberg, Tel. 02434/997 70, www.molzmuehle.de | **Öffnungszeiten** Mi–So ab 11 Uhr, Mo, Di nach Vereinbarung | **Angelpark** In Bollenberg 34, 41844 Wegberg, Tel. 02434/58 40, www.angelpark-molzmuehle.de; Öffnungszeiten ganzjährig rund um die Uhr, Weihnachten und Neujahr geschlossen; Öffnungszeiten Gastronomie: täglich von 12–18 Uhr.

92 Ultraleicht-Flughafen Weilerswist

Flughäfen sind eigentlich keine Orte, die man besucht. Flughäfen sind wie Bahnhöfe oder Bushaltestellen: Mittel zum Zweck, um an ein Ziel zu gelangen, das meist weit von ihnen entfernt ist. Und dort, wo sie gebaut werden, sind sie selten besonders beliebt: Landebahnen zerstören die Natur, Lärm stört die Nachtruhe.

Beim Ultraleicht-Flughafen Weilerswist ist das alles ein wenig anders. Wer hierherkommt, der möchte nirgendwo anders hin, außer vielleicht für ein paar Stunden in die Luft. Die Flieger selbst sind viel leiser als ihre großen Kollegen. Und auch Landebahnen gibt es hier keine: Der Flugbetrieb findet buchstäblich auf der grünen Wiese statt.

Technik und Natur bilden hier eine idyllische Symbiose. Viele, zum Teil auch geschützte Tierarten wie etwa Turmfalken, Bussarde und Eulen leben hier und lassen sich nicht vom menschlichen Flugbetrieb stören. Und die Männer im Tower (ja, die Fliegerei ist ein eher männlich dominiertes Hobby) kennen »ihre« Vögel inzwischen schon fast so gut wie ihre Piloten.

Angelegt wurde das Gelände von einem Verein: der Ultraleicht-Fluggruppe »Nordeifel« e.V., die hier seit 1992 Starts und Landungen durchführt und den Platz im Laufe der Zeit um Hangars, Tower, Clubheim und Grünanlagen erweitert hat.

Auch wenn die Ultraleicht-Fliegerei deutlich günstiger ist als das Fliegen mit »richtigen« Sportflugzeugen: Ganz billig ist so ein Flugzeug nicht. Viele der Piloten teilen sich ihre Maschine darum mit anderen Flugbegeisterten. Wer sich auch das nicht leisten mag, der kann sich stattdessen gegen eine kleine Gebühr von den Fliegern mitnehmen lassen, um dann vielleicht noch einmal die Haushaltskasse zu überprüfen, ob da nicht doch irgendwo Geld für eine eigene Maschine übrig ist …

Und spätestens dann wird dieser Flughafen zu einem Ort, den man gerne und immer wieder besucht.

Adresse Flughafenweg 1, 53919 Weilerswist, www.ul-weilerswist.de | **Rundflüge** nach Voranmeldung | **Weitere Informationen** Ultraleicht–Fluggruppe »Nordeifel« e.V., Wagner-straße 4, 53881 Euskirchen, Tel. 02255/66 59.

93   Der Kahle Asten in Winterberg

Jeder, der schon einmal den Wetterbericht im WDR gesehen oder gehört hat, kennt seinen Namen: der Kahle Asten. Mit 841 Metern über dem Meeresspiegel ist er der zweithöchste Ort Nordrhein-Westfalens nach dem Langenberg. Und weil der zweite Platz nicht hoch genug ist, steht obendrauf der Astenturm. Der wartet nicht nur mit der berühmten Wetterstation auf, sondern ist auch Aussichtsplattform, Restaurant, Biergarten und Westfalens höchstgelegenes Hotel. Ursprünglich erbaut wurde der Turm im 19. Jahrhundert, doch das heutige eher schlichte Aussehen ist das Resultat starker Kriegszerstörungen.

500.000 Touristen kommen in jedem Jahr hierher, und viele Gründe ziehen sie auf den Kahlen Asten. Zum einen sicherlich die Aussicht, die an schönen Tagen kaum zu übertreffen ist. Doch auch die Ausstellung »Kahler Asten, Dach Westfalens«, die der Landschaftsverband Westfalen-Lippe im Erdgeschoss des Astenturms eingerichtet hat, ist einen Besuch wert. Hier erfahren interessierte Besucher alles über Gegenwart und Geschichte des Berges und seiner Nutzung. Wer noch mehr wissen will, kann auch eine natur- und klimakundliche Führung buchen.

Ausgedehnte Wanderwege laden Bewegungsfreudige ein, von hier aus das Sauerland zu erkunden, und im Winter zählen die Hänge des Kahlen Asten bei Winterberg zu den beliebtesten Skiregionen Nordrhein-Westfalens, denn hier kann man sich so gut wie sicher sein, dass es schneit.

Eher sonniges Wetter bevorzugt eine andere Gästegruppe: Hochzeitspaare. Das Standesamt Winterberg ist mittlerweile daran gewöhnt, dass Heiratswillige sich hier oben das Jawort geben möchten, und kommt dem Wunsch auch gerne nach – sofern denn noch ein Termin frei ist. Denn der Name des Kahlen Asten ist bekannt. Nicht nur wegen des WDR-Wetterberichts.

Adresse Astenturm 1, 59955 Winterberg, www.kahlerasten.de | **Anmeldung für Führungen** Tel. 02981/26 36 | **Hotel** Tel. 02981/928 74 80.

94_ Wuppertaler Schwebebahn

Ende des 19. Jahrhunderts beschlossen die Stadtväter der damals noch unabhängigen Orte im Tal der Wupper, ein neues Verkehrsmittel zu etablieren: Um die in den Zeiten der Industrialisierung wachsende Zahl an Pendlern trotz schmaler und kurviger Straßen schnell transportieren zu können, sollte der Verlauf des Flusstals für eine Einschienenbahn genutzt werden. Doch trotz der Technikbegeisterung in den Kindertagen des Stahlbaus, die uns unter anderem auch den Eiffelturm und die Freiheitsstatue schenkte, war zumindest die ursprüngliche Namensgebung nicht dazu angetan, die Konstruktion zu einem Wahrzeichen der Stadt zu machen: »Einschienige Hängebahn System Eugen Langen« lautete die offizielle Bezeichnung jenes Transportmittels, das heute unter dem Namen »Wuppertaler Schwebebahn« weltberühmt ist.

Auch wenn die Fahrstrecke sich seit der Eröffnung kaum verändert hat und einige Haltestellen der »fliegenden Busse« noch an den Anfang des 20. Jahrhunderts gemahnen: Die Entwicklung der Schwebebahn hat nie stagniert. Trotz des 70er-Jahre-Flairs der aktuell eingesetzten Wagen (die demnächst ersetzt werden sollen) ist die Schwebebahn kein hängendes Museum und keine reine Touristenattraktion, sondern wichtiges Transportmittel für circa 87.000 Fahrgäste pro Tag.

Doch sie war immer schon mehr als das: Es ist eben schöner, sanft schaukelnd über der Stadt zu gleiten, als sich in rumpelnden Bussen kutschieren zu lassen. Letzteres ist leider aufgrund von Wartungsarbeiten derzeit immer wieder nötig – weshalb Sie unbedingt vorher abklären sollten, ob die Bahn zu Ihrem Wunschtermin fährt.

Und wenn Sie schon im Netz sind, können Sie gleich Plätze auf einer der an jedem Wochenende stattfindenden Kaffeefahrten im historischen Kaiserwagen reservieren, wo Sie von ortskundigen »Stewards« in historischen Kostümen informiert und bewirtet werden.

Adresse Tel. 0202/569-52 00, www.schwebebahn.de | Parkmöglichkeit zum Beispiel
Morianstraße 3, 42103 Wuppertal | **Rundfahrten mit dem Kaiserwagen** Tel. 0202/194 33,
www.kaiserwagen.de | **Neues Wagendesign** www.neue-schwebebahn.de.

95 Stadthalle Wuppertal

Was wirklich gut ist, muss sich nicht mit außergewöhnlichen Namen schmücken. Ein Beispiel dafür: die Stadthalle Wuppertal. Hinter dieser bescheidenen Bezeichnung verbirgt sich ein Konzerthaus, das sowohl wegen seiner prunkvollen Gestaltung als auch wegen seiner Akustik weltbekannt ist.

Errichtet wurde die Stadthalle zwischen 1896 und 1900 auf die Initiative reicher Elberfelder Industrieller hin, die den für damalige Zeit unerhörten Betrag von über zwei Millionen Goldmark aus eigener Tasche aufbrachten.

Die Investition lohnte sich: Das Elberfelder Stadtbauamt schuf auf dem Johannisberg eine Art bürgerliches Schloss. Der größte der sieben Säle bietet bis zu zweitausend Personen Platz. Die wunderbare Akustik macht den Saal zum beliebten Spielort nicht nur des Wuppertaler Sinfonieorchesters, sondern auch international bekannter Ensembles wie den Wiener Philharmonikern. Die reichen Stuckverzierungen laden dazu ein, sich in ihren unzähligen liebevollen Details zu verlieren, während man der Musik lauscht.

Vor und nach Veranstaltungen ist oft auch das Restaurant »Rossini« im Souterrain geöffnet, sodass sich Kunstgenuss und kulinarischer Genuss verbinden lassen.

Wer keine Gelegenheit hat, die Stadthalle während einer der zahlreichen Veranstaltungen von innen zu sehen, kann an den unregelmäßig stattfindenden kostenlosen Führungen teilnehmen, die auf der Webseite des Gebäudes angekündigt werden. Für Gruppen sind gegen eine Gebühr auch Führungen zu anderen Terminen möglich, soweit der Spielbetrieb dies zulässt. Wer sich ganz und gar in die Stadthalle verliebt hat, kann sie zwar nicht heiraten, sich aber immerhin in ihr trauen lassen und so eine denkwürdige Hochzeit im Glanz des ausgehenden 19. Jahrhunderts erleben. Und auch wenn nicht jeder Gast etwas mit dem Begriff »Stadthalle Wuppertal« auf der Einladung anfangen kann – spätestens wenn er den Bau sieht, weiß er, dass Ihre Wahl gut war.

Adresse Johannisberg 40, 42103 Wuppertal, Tel. 0202/24 58 90, www.stadthalle.de | **Reguläre Führungen** Tel. 0202/563 22 70 | **Sonderführungen** Tel. 0202/24 58 90.

96__Wuppertaler Zoo

Zoobesuche zählen zu den beliebtesten Familienaktivitäten, gerade in Wuppertal; denn dieser Zoo ist einen Besuch wirklich wert. Einen ersten Blick auf seine Attraktionen kann man auch von außerhalb des Geländes werfen: Die Löwen lassen sich von einem öffentlichen Wanderweg aus beobachten. Doch es lohnt sich, Eintritt zu zahlen, denn der Wuppertaler Zoo zählt zu den besten in ganz Deutschland – und zu den schönsten: Alte Bäume schmiegen sich an die felsigen Flanken der Berge. Mittendrin fauchen Raubkatzen, die hier auch gezüchtet werden. Afrikanische Löwen sind im größten deutschen Löwengehege zu sehen. Sibirische Tiger bewohnen eine ganz neue Anlage.

Die Anfänge des Zoos waren bescheiden: 34 Tiere lebten bei der Gründung im Dezember 1879 hier, darunter immerhin ein Bär und ein Wolfspaar. Im Jahr 1937 wurde der bis dahin privat betriebene Zoo durch die Stadt Wuppertal übernommen und hat sich mit der Zeit zu einer Attraktion entwickelt, die gerade in den zurückliegenden Jahren viele auswärtige Besucher ins Bergische gelockt hat. Durch diverse Umbauten und Erweiterungen wartet der Zoo inzwischen mit einzigartigen Sehenswürdigkeiten auf. So wurden in der bereits Mitte der 1990er Jahre eröffneten Elefantenanlage seit 2005 vier Elefantenjunge geboren. Der dickhäutige Nachwuchs bescherte dem Zoo nicht nur überregionale Schlagzeilen, sondern regelrechte Besucherrekorde. Mit dem Bau eines Gorilla-Freigeheges und der Zoo-Erweiterung hatte der Zoo die Möglichkeit, sich weiter zu profilieren. Besonderer Beliebtheit erfreut sich das neue Pinguin-Haus.

Für große und kleine Besucher werden in unregelmäßigen Abständen Führungen durch den Tierpark angeboten, gerne auch einmal hinter die Kulissen. Gruppen können Sondertermine mit dem Zoo vereinbaren. Ein besonderes Angebot gibt es auch für Senioren: Regelmäßige Veranstaltungen sind speziell auf die Bedürfnisse von Menschen über 55 abgestimmt. Eben wirklich ein Zoo für die ganze Familie.

Adresse Hubertusallee 30, 42117 Wuppertal, Tel. 0202/563 56 66, www.zoo-wuppertal.de |
Öffnungszeiten im Sommer täglich 8.30–18 Uhr; im Winter täglich 8.30–17 Uhr,
Informationen zum Seniorenprogramm: Tel. 0202/257 33 85, www.zoo-wuppertal.de/
seniorenprogramm.html.

97 Archäologischer Park Xanten

Die Römer – man kommt einfach nicht an ihnen vorbei im Rheinland. Sie hinterließen uns Wein, Handelswege und den Archäologischen Park in Xanten. Beziehungsweise die römische Stadt Colonia Ulpia Traiana, auf deren Ruinen heute der Römerpark steht. Anders als Köln, das einen nahtlosen Übergang von der Römerzeit ins Germanentum schaffte, zerstörten die Franken im 5. Jahrhundert die römische Kolonie und siedelten sich freundlicherweise nicht genau darauf, sondern etwas daneben an, sodass die römischen Ruinen erst zum Steinbruch und später zur archäologischen Fundstätte und zum Park werden konnten.

Besucher können hier die Architektur und den römischen Alltag im nachgebauten römischen Dorf und im LVR-RömerMuseum selbst erleben und entdecken. Der Park ist allerdings trotz seiner vielen Rekonstruktionen nicht nur das größte archäologische Freilichtmuseum in Deutschland, sondern auch noch immer ein wichtiger Forschungsstandort. Nördlich der Alpen ist sonst keine römische Siedlung so gut erhalten wie die bei Xanten. Noch heute entdecken Archäologen Mauern, Tonscherben und Werkzeuge aus dem Leben der Römer am Niederrhein.

Die Parkleitung sorgt dafür, dass der Ausflug in die Römerzeit ein Erlebnis für die ganze Familie ist. Neben den obligatorischen Spielplätzen werden regelmäßig auch Sonderveranstaltungen und Führungen angeboten, die speziell Kindern die zweitausendjährige Geschichte dieses Fleckens Rheinland nahebringen sollen. Ein Römerfest, Opern- und Musicalaufführungen im Amphitheater sowie Fachvorträge zu archäologischen Themen sind ebenfalls feste Bestandteile des Parklebens. Und wer möchte, kann in der römischen Herberge des Parks original römische Gerichte probieren.

Nicht nur an den Römern kommt man also hier nicht vorbei, sondern auch nicht an einem Besuch des Archäologischen Parks Xanten.

Adresse LVR-Archäologischer Park (APX), Wardter Straße 2, 46509 Xanten, Tel. 02801/
29 99, www.apx.de | **Öffnungszeiten** März bis Okt. täglich 9–18 Uhr; Nov. täglich 9–17 Uhr;
Dez. bis Feb. täglich 10–16 Uhr; 24., 25. und 31. Dez. geschlossen.

98__Bislicher Insel in Xanten

Seeadler, Wildgänse, Störche, Silberreiher, Biber, Steinkäuze – all das finden Sie nicht nur in Zoos, sondern ganz in der Nähe von Xanten auch in freier Wildbahn: auf der Bislicher Insel.

In diesem Naturschutzgebiet mit einer Fläche von mehr als tausend Fußballfeldern befindet sich eine der seltenen Auenlandschaften in Deutschland. Auen sind in diesem Zusammenhang keine Hobbit-Heimat, sondern Überschwemmungsgebiete an Flüssen oder Gewässern, die durch ihre besonderen Eigenschaften Lebensraum für unzählige Tierarten sind. Dementsprechend ist die Bislicher Insel auch eigentlich keine richtige Insel. Erst bei Hochwasser wird sie von den Rheinfluten komplett umspült und abgeschottet – steigt der Rhein noch weiter, kann sie gar selbst zur Überflutungsfläche werden.

Jedes Jahr überwintern im Gebiet der Insel etwa 25.000 arktische Gänse. Außerdem lebt hier die größte Kormorankolonie in Nordrhein-Westfalen.

Das Dumme dabei ist allerdings, dass Wildtiere in der Regel ziemlich gut darin sind, sich vom Menschen nicht beobachten zu lassen. Wenn Sie deswegen bei Ihren Ausflügen gerne fachkundige Unterstützung hätten, kann Ihnen geholfen werden: Das NaturForum Bislicher Insel unterhält nicht nur eine aufschlussreiche Dauerausstellung über das Naturschutzgebiet und die Tiere und Pflanzen in ihm, es bietet auch regelmäßig und je nach Jahreszeit Ausflüge zu unterschiedlichen Themen an. Darunter sind Biber- und Gänseexkursionen, Fallobstführungen, Vogelkunde zur Balzzeit und Fledermausnächte. Sie können diese Exkursionen entweder individuell absprechen oder sich nach dem Veranstaltungskalender des NaturForums richten.

Doch auch ohne Führung hat die Bislicher Insel ihren Reiz – denn ein Spaziergang in so gesunder Natur tut einfach gut, sogar wenn man eine Wildgans nicht von einem Steinkauz unterscheiden kann.

Adresse NaturForum Bislicher Insel, Bislicher Insel 11, 46509 Xanten, Tel. 02801/ 988 23-0, www.naturforum-bislicher-insel.de | **Öffnungszeiten** April bis Okt. Di–So 10–18 Uhr; Nov. bis März Di–So 10–17 Uhr; vom 24. Dez. bis 1. Jan. geschlossen.

99 Xantener Dom

Xanten nennt sich nicht umsonst »Römerstadt«, das weiß jeder, der schon einmal den Archäologischen Park dort besucht hat. Doch auch ganz andere Gebäude des Ortes sollen römische Wurzeln haben, zum Beispiel der Xantener Dom.

Benannt ist er nach St. Viktor, einem römischen Legionär, der im 4. Jahrhundert als Märtyrer hingerichtet worden sein soll. Eine Gedenkkapelle für ihn soll angeblich der Vorläufer des Doms gewesen sein.

Tatsächlich fanden sich bei Ausgrabungen Reste einer solchen Kapelle unter dem Dom. Allerdings spricht einiges dagegen, dass sie für Viktor gedacht war, denn dessen Gebeine ruhten nach offizieller Lesart längst in einem Schrein im Hochaltar. In der ausgegrabenen Kapelle hingegen fand man die Reste zweier Männer in einem Doppelgrab aus dem 4. Jahrhundert – höchstwahrscheinlich Opfer eines fränkischen Angriffs auf die damalige römische Kolonie.

Das Alter des heutigen Doms ist schwierig anzugeben: Wie bei mittelalterlichen Kathedralen üblich, dauerte der Bau Jahrhunderte. Im Falle des Xantener Doms fand die Grundsteinlegung im Jahr 1263 statt. Fertiggestellt wurde das Bauwerk im Jahr 1544, also mehr als 250 Jahre später.

Das Innere des Doms beeindruckt durch eine Vielzahl teils reich geschmückter Altäre, die meisten von ihnen Schnitzarbeiten aus dem 15. Jahrhundert. Eine Etage tiefer, in der Krypta, wurde in den 1960er Jahren eine Gedenkstätte eingerichtet, in der sich neben den Gräbern katholischer Widerstandskämpfer auch Urnen mit der Asche von Opfern aus verschiedenen Konzentrationslagern befinden.

Damit ist immerhin eines gesichert: Ganz gleich, ob der Xantener Dom damals über dem Grab eines Märtyrers errichtet wurde oder nicht, und egal, ob es Viktor von Xanten überhaupt gab oder ob er nur eine Erfindung des reliquienversessenen Mittelalters war – heute liegen dort im Dom Märtyrer, die diese Bezeichnung und unseren Respekt verdienen.

Adresse Xantener Dom, Kapitel 8, 46509 Xanten, Tel. 02801/71 31-0, www.stviktor-xanten.de.

Der Autor

Jens Baumeister, Jahrgang 1975, ist zwar gebürtiger Emsländer, hat aber mit dem Umzug nach Köln vor 15 Jahren im Rheinland seine zweite Heimat gefunden. Wenn er nicht gerade auf Reisen ist, schreibt er neben rheinischen Sachbüchern vor allem für verschiedene Fernsehserien sowie gelegentlich auch für die Bühne. Im Emons Verlag erschien »Karneval für Imis«.
www.jensbaumeister.de

Der Fotograf

Geboren wurde Saschko Bach 1974 in der Nähe von Köln. Schon als Jugendlicher faszinierte ihn das Fotografieren, und als Siebzehnjähriger bekam er von seinem Großvater seine erste Spiegelreflexkamera. Er absolvierte in Köln eine schulische Ausbildung in den Bereichen Grafik und Design. Vorrangig ist er in der People-Fotografie tätig und widmet sich zum Ausgleich immer wieder gern der Landschafts- und Architekturfotografie.

www.saschkobach.de